U. Trenckmann, M. Lasar, R. Halla (Hrsg.)

Im (Selbst-) Zweifel gefangen

Zwangsstörungen

Jahrestagung der Deutschen Gesellschaft Zwangserkrankung e.V., Hans-Prinzhorn-Klinik Hemer, Westf. Fachkrankenhaus für Psychiatrie und Psychotherapie, 24. und 25.04.1998

PABST SCIENCE PUBLISHERS
Lengerich, Berlin, Düsseldorf, Leipzig,
Riga, Scottsdale (USA), Wien, Zagreb

CIP-Titelaufnahme der Deutschen Bibliothek

Im (Selbst-) Zweifel gefangen. Zwangsstörungen /
U. Trenckmann, ... (Hrsg.). - Lengerich ; Berlin ; Düsseldorf ;
Leipzig ; Riga ; Scottsdale (USA) ; Wien ; Zagreb :
Pabst, 1998
ISBN 3-933151-62-7

Konvertierung: Claudia Döring
Druck: KM Druck, D-64823 Groß Umstadt

ISBN 3-933151-62-7

Autorenverzeichnis

P. Bettzieche
Diplom-Kunsttherapeut
Hans-Prinzhorn-Klinik
Westf. Fachkrankenhaus für
Psychiatrie und Psychotherapie
Frönsberger Str. 71
D-58675 Hemer

Dipl.-Psych. B. Ciupka
Deutsche Gesellschaft
Zwangserkrankungen e.V.
Postfach 15 45
D-49005 Osnabrück

Ulrike Demal
Universitätsklinik für Psychiatrie
Wien
Klinische Abteilung für Sozialpsychiatrie und Evaluationsforschung
und Ludwig Boltzmann Institut für
Sozialpsychiatrie Wien
Währinger Gürtel 18-20
A 1090 Wien
Österreich

Dr. R. Halla
Solvay Arzneimittel GmbH
Hans-Böckler-Allee 20
D-30173 Hannover

Prof. Dr. P. L. Janssen
Westfälische Klinik für Psychiatrie,
Psychosomatik und Psychotherapie
Akademisches Lehrkrankenhaus
Marsbruchstr. 179
D-44287 Dortmund

Prof. Dr. U. Knölker
Poliklinik für Kinder- und
Jugendpsychiatrie und
-Psychotherapie
Medizinische Universität zu Lübeck
Kahlhorststr. 31-35
D-23538 Lübeck

Dr. F. Kohl
Arzt f. Neurologie/Psychiatrie
Psychotherapeutische Medizin
Vorarlberger Weg 20
D-79111 Freiburg

Dipl.-Psych. Julia Langkrär
Westfälisches Zentrum für
Psychiatrie und Psychotherapie
Universitätsklinik Bochum
Alexandrinenstr. 1
D-44791 Bochum

PD Dr. M. Lasar
Westfälische Klinik für Psychiatrie, Psychosomatik und Psychotherapie
Akademisches Lehrkrankenhaus
Marsbruchstr. 179
D-44287 Dortmund

Dr. Roswitha Mösl
Psychotherapie
Hohenzollernstr. 5
D-40211 Düsseldorf

Dipl.-Psych. H. Rath
Westfälische Klinik für Psychiatrie, Psychosomatik und Psychotherapie
Akademisches Lehrkrankenhaus
Marsbruchstr. 179
D-44287 Dortmund

Dr. W. Schwachula
Hans-Prinzhorn-Klinik
Westf. Fachkrankenhaus für Psychiatrie und Psychotherapie
Frönsberger Str. 71
D-58675 Hemer

Prof. Dr. H.-Ch. Steinhausen
Zentrum für Kinder- und Jugendpsychiatrie
Universität Zürich (ZKJP)
Neumünsterallee 9
CH-8032 Zürich
Schweiz

Prof. Dr. U. Trenckmann
Hans-Prinzhorn-Klinik
Westfälisches Fachkrankenhaus für Psychiatrie Hemer
Frönsberger Str. 71
D-58675 Hemer

Dipl.-Psych. Heidi Unger
c/o Psychosomatische Klinik Windach
Schützenstr. 16
D-86949 Windach

Dr. Ch. Wölk
Fachbereich Psychologie
Universität Osnabrück
D-49069 Osnabrück

Inhaltsverzeichnis

Vorwort

Zwangsstörungen standen lange im Schatten psychiatrischer Aufmerksamkeit. Es dominierte therapeutischer Nihilismus, obwohl gerade Sigmund Freud und die Psychoanalyse viele ihrer theoretisch-methodischen Annahmen aus der tiefenpsychologischen Behandlung von Zwangspatienten herleiteten. Die Zahl der Zwangserkrankten wurde lange Zeit deutlich unterschätzt. Dabei schrieb schon Emil Kraepelin in der "Einführung in die psychiatrische Klinik": "Kennzeichnend für diese ungemein häufigen Formen krankhafter Veranlagung ist das Auftreten zwangsmäßiger, durch Vernunftgründe nicht widerlegbarer Befürchtungen, die das Handeln des Kranken in ziemlich hohem Grade unterjocht haben. Er weiß recht gut, daß ihm nichts Böses begegnen kann, aber die in ihm auftauchende Angst ist mächtiger als alle Überlegung".
Wir Heutigen sehen Kraepelin bestätigt. Zwangserkrankungen sind häufiger als angenommen. Fast 1% der Bevölkerung leidet an Zwangsgedanken und -handlungen unterschiedlicher Ausprägung. Es war aber nicht diese realistischere Einschätzung der Häufigkeit von Zwangsgedanken und Zwangshandlungen, sondern es waren neue Behandlungsmethoden, die die Störung in den Lichtkegel psychiatrischer Betrachtung gerückt haben. Neben dem psychoanalytischen Zugang haben sich vor allem kognitive, verhaltenstherapeutische Verfahren bewährt. Gleichschrittig mit einem effizienten psychotherapeutischen Zugang entwickelte sich die medikamentöse Behandlung. Die von Lopez-Ibor kasuistisch berichtete Effektivität von Clomipramin veranlaßte in den 70er Jahren systematische Untersuchungen am Karolinska-Hospital in Schweden und am National Institute of Mental Health in den USA. Heute sind es die selektiven Serotonin-Wiederaufnahme-Hemmer, die gleichermaßen bewährt sind als Medikamente gegen depressive Störung, Angsterkrankung und eben auch Zwangsstörung. Durch die Kombination von medikamentöser Behandlung und Psychotherapie kann vielen, wenn auch nicht allen,

geholfen werden. Diese wichtige Erkenntnis ist noch lange nicht Allgemeingut. Deshalb gründete sich vor einigen Jahren in Osnabrück die Deutsche Gesellschaft für Zwangserkrankungen. Durch ein vorbildliches soziales Sponsoring der pharmazeutischen Industrie wurde eine Initiative auf die Füße gestellt, die sich als Mittler zwischen dem Zwangskranken, deren Angehörigen und den professionellen Helfern versteht. Dieses Anliegen führte anläßlich der 4. Jahrestagung der Deutschen Gesellschaft für Zwangserkrankungen in der Hans-Prinzhorn-Klinik in Hemer in- und ausländische Fachleute mit Betroffenen zusammen. In einer dreitägigen Veranstaltung wurden von den Vortragenden, die größtenteils identisch sind mit den Autoren dieses Buches, Ergebnisse aus Forschung und Behandlungsalltag "übersetzt" in Informationen für Interessierte und Betroffene. Die Beiträge des Buches werden die lebhafte Diskussionsatmosphäre widerspiegeln. Bewußt wurde neben Plenarvorträgen viel Raum gelassen für die Diskussionen und Workshops. Im Buch findet sich der engagierte Beitrag einer Teilnehmerin wieder, die spontan nach dem Besuch der Tagung in der Hans-Prinzhorn-Klinik in Hemer einen ausführlichen Brief von ihren Eindrücken verfaßte. Viele Autoren sind ausgewiesene Praktiker. Der information- und ratsuchende Hausarzt wird ebenso wie der interessierte Laie beim Lesen etwas spüren von der Atmosphäre eines fruchtbaren Dialogs zwischen Experten und Betroffenen. Die Autoren haben sich beim Verfassen ihrer Beiträge sehr bewußt bemüht, bei allem Anspruch an Wissenschaftlichkeit gut lesbar zu bleiben, auch für den Nicht-Fachmann. Die Herausgeber hoffen deshalb, daß das Buch eine ebenso breite Resonanz finden wird wie die 4. Jahrestagung der Deutschen Gesellschaft für Zwangserkrankungen es hatte. Im Frühjahr 1998 diskutierten sehr engagiert 240 Betroffene mit 80 Fachleuten. Weil es gelungen ist, auch dem Leser des Buches etwas von dieser Diskussionsatmosphäre zu vermitteln, wird auch dieses Buch seinen Zweck erfüllt haben.

Dr. R. Halla *PD Dr. M. Lasar* *Prof. Dr. U. Trenckmann*

Anmerkungen zur Zwangsstörung: Definition, Phänomenologische und ätiogenetische Aspekte

W. Schwachula

1. Historischer Abriß, Definition

Aus Macbeth; 5. Aufzug, erste Szene:

Arzt.	*Was macht sie nun? Schaut, wie sie sich die Hände reibt.*
Kammerfrau.	*Das ist ihre gewöhnliche Gebärde, daß sie tut, als wüsche sie sich die Hände; Ich habe wohl gesehen, daß sie es eine Viertelstunde hintereinander tat.*
Lady Macbeth.	*Da ist noch ein Fleck*
Arzt.	*Horch, sie spricht! Ich will aufschreiben, was sie sagt, um hernach meine Erinnerungen daran zu ergänzen.*
Lady Macbeth.	...Fort, verdammter Fleck! fort, sag ich! .....Wie, wollen diese Hände denn nie rein werden? ....Noch immer riecht es hier nach Blut; alle Wohlgerüche Arabiens würden diese kleine Hand nicht wohlriechend machen. Oh! oh! oh!
Arzt.	*Was das für ein Seufzer war! Ihr Herz ist schmerzlich beladen.*

Das von W. Shakespeare in dieser Szene beschriebene Symptom der Lady Macbeth stellt zweifellos ein - psychodynamisch als Restitutionsversuch bei subjektiv unerträglicher Schuld mit der Gefahr der Selbstfraktionierung zu interpretierendes - Zwangsphänomen - eine anankastische Reaktion - dar; das Drama Macbeth wurde wahrscheinlich bereits im Jahr 1606 uraufgeführt.
Andere frühe „klinische" Beschreibungen von Zwangsphänomenen verdanken wir der Inquisition: die Autoren des „Malleus Maleficarum", der „Hexenhammer", bieten 1487 dem Leser minutiöse Beschreibungen von Menschen, die aus heutiger Sicht unter der typischen Symptomatik einer Zwangsstörung litten; damals allerdings galten diese Phänomene als logische Folge von Hexerei, Besessenheit und Dämonen, mit den therapeutischen Methoden der damaligen Zeit, dem Regelwerk der Inquisition, lösten sich dann oft sowohl die Zwangssymptome als auch die Patienten in Rauch auf.
Und die Wissenschaft? Esquirol diskutierte erstmals 1839 die Zwangsvorstellungen einer seiner Patientinnen; er grenzte diese Vorstellungen vom Wahn ab, da er das Bewußtsein der Absurdität ihrer Inhalte sowie die Intelligenz der Erkrankten erhalten sah.
1866 klassifiziert Morel die Zwangsstörung als eine Erkrankung des Neurose-Spektrums; er weist auf die Nähe zum Angstaffekt hin.
Nachdem 1877 Krafft-Ebing erstmals den Begriff der Zwangsvorstellung prägt, verfaßt Westphal 1877 die klassische, bis heute gültige phänomenologische Definition des Zwangs:
„Unter Zwangsvorstellungen verstehe ich solche, welche, bei übrigens intakter Intelligenz und ohne durch einen gefühls- oder affektartigen Zustand bedingt zu sein, gegen und wider den Willen des betreffenden Menschen in den Vordergrund des Bewußtseins treten, sich nicht verscheuchen lassen, den normalen Ablauf der Vorstellungen hindern und durchkreuzen, welche der Befallene stets als abnorm, ihm fremdartig anerkennt und denen er mit seinem gesunden Bewußtsein gegenübersteht."
Als eigene Neurosenkategorie arbeitet erstmals 1884/1885 S. Freud die Zwangsneurose heraus; 1909 veröffentlicht er den Fallbericht des „Rattenmanns"; 1926 resümiert er: „die Zwangsneurose ist wohl das interessanteste und dankbarste Objekt der analytischen Untersuchung, aber noch als Problem unbezwungen."
Fast zeitgleich mit Freud publizieren Janet und Raymond 1903 das Werk „Les obsessions et la psychasthénie". In Janet´s mechanistischem Konzept ist das Zwangssymptom Folge einer Abnahme oder eine Desintegration der psychischen Energie mit der Konsequenz des Vorherrschens von primitiven, anarchischen, chaotischen Prozessen in den psychischen Funktionen.

2. Diagnostik und Prävalenz

Die Definition von Schneider aus dem Jahr 1959: „Zwang ist, wenn jemand Bewußtseinsinhalte nicht loswerden kann, obwohl er sie gleichzeitig als inhaltlich unsinnig oder wenigstens als ohne Grund beharrend beurteilt" schließt sich inhaltlich eng an die Definition Westphals an; auch die aktuelle diagnostische Klassifikation der ICD 10 legt analoge diagnostischen Kriterien für die Zwangsstörung (F42) zugrunde, ergänzt wird die Definition Westphals um den Begriff der Zwangshandlung:

Tab. 1 : Diagnostische Leitlinien der Zwangsstörung nach ICD 10

„Für eine eindeutige Diagnose sollen wenigstens 2 Wochen lang an den meisten Tagen Zwangsgedanken oder -handlungen oder beides vorhanden sein; sie müssen quälend sein oder die normalen Aktivitäten stören. Zwangssymptome müssen folgende Merkmale erfüllen: Sie müssen als eigene Gedanken oder Handlungen erkennbar sein. Wenigstens einem Gedanken oder einer Handlung muß noch, wenn auch erfolglos, Widerstand geleistet werden, selbst wenn sich der Patient gegen andere nicht wehrt. Der Gedanke oder die Handlungsausführung dürfen nicht an sich angenehm sein. Erleichterung von Spannung und Angst wird als angenehm in diesem Sinne empfunden. Die Gedanken, Vorstellungen oder Impulse müssen sich in unangenehmer Weise wiederholen."

Die diagnostischen Leitlinien des DSM-III-R sind ganz analog zur ICD 10 gefaßt; hier werden die Zwangsstörungen (andere Synonyma in der Literatur: Zwangsneurose, anankastische Neurose, obsessive-compulsive-disorder; OCD) allerdings im Kapitel Angststörungen gelistet.
Zwangsphänomene treten klinisch nicht allein als Leitsymptom der Zwangsstörung auf: "Der Zwang ist ein ebenso ubiquitäres Symptom der Psychopathologie wie der Wahn oder die Halluzination; er kann unter den verschiedensten Verhältnissen auftreten, in der Neurose wie in der Psychose, in funktionellen wie unter hirnorganischen Zuständen, in der Schizophrenie wie in der endogenen Depression" (Benedetti).

Einzelne, flüchtige Zwangsphänomene können auch ein durchaus normalpsychologisches Geschehen darstellen und sind nicht grundsätzlich Ausdruck einer seelischen Erkrankung; sie sind mögliche Variationen normaler psychischer Funktionsweisen und treten auch im normalen Entwicklungsverlauf des jungen Kindes als transitorisches Phänomen auf. Viele Menschen müssen sich repetitiv vergewissern, ob sie eine Tür auch wirklich verschlossen, das Licht gelöscht, den Schlüssel eingesteckt haben. Offensichtlich stellen Zwangsphänomene ein unspezifisches, „frühes", in Belastungssituationen durchaus probates Bewältigungsmuster mit strukturstabilisierender Wirkung dar.
Klinische Relevanz gewinnen allerdings Zwangsphänomene dann, wenn sie in die Lebensbewältigungsfähigkeiten der Betroffenen quantitativ oder qualitativ einbrechen und einen Leidensdruck erzeugen. In einer typischen Untersuchungsskala, der Y-BOCS (Yale/Brown Obsessive Compulsive Scale), werden die Bereiche

- des notwendigen Zeitaufwands in der Auseinandersetzung mit Zwangssymptomen,
- der dadurch hervorgerufenen Beeinträchtigung,
- des dabei entstandenen Leidensdrucks,
- der Möglichkeit zum Widerstand gegenüber dem Symptom und
- der Kontrollmöglichkeiten gegenüber der Symptomatik

beurteilt.

In zahlreichen Untersuchungen wurde die Prävalenz von Zwangserkrankungen auf deutlich unter 1% geschätzt, neuere Studien belegen Prävalenzraten von über 2%; Frauen erkranken mit einem statistisch prozentual deutlichen Überhang.
Zwangsimpulse und Zwangshandlungen (also der Drang, bestimmte Handlungen ausführen zu müssen) und Zwangsgedanken treten häufig gemeinsam in Erscheinung, oft können Zwangshandlungen z.B. als Kompensationsversuche vorangegangener Zwangsgedanken verstanden werden. Diese Zwangsphänomene sind eingebettet in eine ängstliche Grundstimmung, die in ihrer Intensität zunimmt, wenn dem Zwangssymptom nicht nachgegeben werden kann. Neben dieser basalen ängstlichen Grundstimmung können klinisch auch allgemeine kognitive Änderungen wie z.B. Tendenzen zu einem grundsätzlichen Zweifel und einem magischen Denkstil beobachtet werden.
Ein häufig zu findender Beziehungsmodus von Menschen mit Zwangsstörungen - hier im Sinne der zwanghaften Persönlichkeitsstruktur - kann mit einer Trias aus den Items:

- emotionale Autarkie („ich brauche niemanden"),
- Vermeidung echt autonomer Handlungen („ich möchte keine Fehler machen") und
- dem Gefühl des Getriebenseins (der Aufpasser im Nacken) beschrieben werden.

Bei der zwanghaften Persönlichkeitsstruktur (Synonyme: Zwangscharakter, zwangsneurotische Charakterneurose, anankastische Persönlichkeit) stehen daneben die unter den Begriff Kontrolle subsumierbaren Eigenschaften wie übertriebene Ordnung, Sparsamkeit, Überkorrektheit, Sauberkeit etc. im Vordergrund. Zwanghafte Persönlichkeitsmerkmale deuten jedoch nicht grundsätzlich auf eine abnorme Entwicklung hin.
Eine zwanghafte Persönlichkeitsstruktur kann klinisch auch gemeinsam mit der Zwangsstörung - deren Symptome sich dann in Belastungssituationen als Dekompensationsform zusätzlich manifestieren - in Erscheinung treten, wobei jedoch grundsätzlich keine enge, zwingende Verknüpfung zwischen dem Bestehen anankastischer Persönlichkeitsmerkmale und der Manifestation einer Zwangsstörung besteht.

3. Differentialdiagnostik, Komorbidität

In kondensierter Form läßt sich also die Phänomenologie des Zwangs wie folgt beschreiben: Zwangsphänomene sind diejenigen - oft jahrelang verheimlichten - Gedanken und Impulse,

- die sich **aufdrängen**,
- gegen die sich das Ich zugleich vergebens **wehrt** und die
- gleichzeitig als **unsinnig oder verwerflich** empfunden werden;
- diese Vorstellungen werden also gleichzeitig als **eigene, nicht von außen gemachte Gedanken** empfunden und
- als **fremdartig/bedrohlich** erlebt;
- sie sind i.d.R. von **Angst** begleitet.

Neben der oben erwähnten ängstlichen Grundstimmung treten bei einem großen Anteil der Zwangspatienten im Sinne einer Komorbidität auch therapiebedürftige Angststörungen/soziale Phobien und depressive Dekompensationen (Lebenszeitprävalenz über 50%) klinisch in Erscheinung.

Zwangssymptome können in ihrer Phänomenologie mit Phobien verwechselt werden. Sie sind zwar oft mit Angst und Phobien verbunden (z.B. vor Beschmutzung), bei der Phobie ist die Furcht aber an eine besondere Situation gekoppelt, sie wird als übertrieben, nicht aber als unsinnig erlebt und läuft ohne Gegenwehr ab.

Allerdings wird die Art der Verknüpfung von Zwangsstörung und Phobie widersprüchlich beurteilt: während einerseits die Auffassung besteht, daß viele Zwangspatienten gegenüber dem ihnen bewußten, angstauslösenden realen oder imaginierten Objekt sekundär eine Phobie entwickeln, sehen andere Autoren die Entwicklung von Zwangssymptomen als sekundären Prozeß an, der einer am Anfang des Erkrankungsprozesses stehenden Phobie folgt. Benedetti unterscheidet hier eine jeweils unterschiedliche Projektionsform der Angst: bei der Phobie ist die Projektion auf eine räumlich-örtlich bezogene Dimension gerichtet, bei der Zwangsstörung dagegen auf eine zeitliche, auf zukünftige Ereignisse bezogene Dimension.

Die Differenzierung des schizophren-psychotischen Erlebens von einer Zwangssymptomatik erlaubt - neben dem Vorhandensein weiterer spezifischer Symptome der Schizophrenie - die subjektiv jeweils unterschiedliche Bewertung der Inhalte: der psychotische Wahn wird mit absoluter Gewißheit, als überwertige Idee oder als absoluter Glauben und ich-synton erlebt; gleichzeitig werden in der Regel zumindest Teile seines Inhalts projektiv in die Außenwelt verlagert. Einzelne Zwangssymptome können aber durchaus auch im Sinne der potentiell stabilisierend-strukturierenden Funktion des Zwangs als Abwehrform einer psychotischen Dekompensation der Aktualisierung einer Schizophrenie vorausgehen.

Eine weitere, differentialdiagnostisch nicht unkomplizierte Verbindung der Zwangssymptome besteht zu den depressiven Störungen; die Symptome einer depressiven Störung können zeitlich parallel zu Zwangsphänomenen manifest werden. Innerhalb einer Subgruppe der affektiven Störungen, früher als anankastische Depression bezeichnet, treten häufig während der depressiven Episoden auch Zwangsphänomene auf. Allerdings werden die sich in der Depression oft aktualisierenden Grübelzwänge im Unterschied zu Zwangsgedanken als subjektiv nicht sinnlos erlebt.

Gegenüber den „abnormen Gewohnheiten und Störungen der Impulskontrolle“ (ICD 10 F 63), die u.a. auch pathologisches Spielen (Spielsucht), Pyromanie und Kleptomanie umfassen, kann als wesentliches Differenzierungsmerkmal die subjektiv unangenehm-quälende Erlebnisqualität der Zwangsphänomene herangezogen werden. Die Patienten mit gestörter Impulskontrolle leiden weniger an der Umsetzung ihrer Impulse als an den nachfolgenden innerpsychischen oder realen Auswirkungen ihres Handelns.

Tab 2: Differentialdiagnostische Aspekte

Störung:	**Kriterium:**
Angststörung, Phobie	Koppelung an besondere, auslösende Situation, subjektiv nicht unsinnig, keine Gegenwehr
Schizophrene Störung	absolute Gewißheit, ich-syntones Erleben, Projektion, zusätzliche spezifische Symptome der Schizophrenie
Depressive Störung	Grübelzwänge subjektiv inhaltlich nicht sinnlos
Störungen der Impulskontrolle	Impulse selbst nicht belastend, aber die Folgen ihrer Realisation

4. Phänomenologische Aspekte

Zwangsstörungen bilden sich phänomenologisch in den unterschiedlichsten Manifestationsformen ab: „Die Mannigfaltigkeit in der Erscheinung der Zwangsneurose ist eine so großartige, daß es noch keiner Bemühung gelungen ist, eine zusammenhängende Synthese aller ihrer Variationen zu geben", so Freud 1926.
Bei den einzelnen Zwangsphänomenen geht es allerdings in der Regel thematisch um eher sozial problematische Inhalte (z.B. aggressive, beschmutzend-kontaminierende, sexuell übergriffige Tendenzen) und deren Gegensätze, wie: Ordnung, Kontrolle, Sauberkeit (häufig mit der Angst vor Ansteckung), Gesundheit, Religion.
Unter einem soziokulturellen Aspekt können Charaktereigenschaften mit den Merkmalen einer basalen Tendenz zur innerpsychischen Abwehr antisozialer Tendenzen und der damit in der Regel implizierten Hinwendung zur Beschäftigung mit den Sekundärtugenden Ordnung, Kontrolle, Sauberkeit im Sinne einer norm-angepaßten und leistungsorientierten Denk- oder Handlungsste-

reotypie in den meisten Kulturen, Gesellschaftsformen oder sozialen Schichten geschätzte und erforderliche Persönlichkeitszüge darstellen; etwa im Sinn der anankastischen Persönlichkeit mit den folgenden Eigenschaften: gute Intelligenz, rigide, perfektionistisch, mit hohem ethischen Anspruch, übergewissenhaft bis skrupulös, ordnungsbedacht (s. preußische Tugenden, Puritanismus); mit einer für andere Menschen oft schwer erträglichen Neigung zu Geiz, Kleinmut, liebloser Machtausübung und Prinzipienreiterei. Eine anankastische Persönlichkeit will in hohem Maß nicht nur sich, sondern auch ihre Umgebung wie ein Uhrwerk kontrollieren und/oder beherrschen. Kontrolle ist hier ein Vehikel, um das subjektive Sicherheitsbedürfnis gegen die Unberechenbarkeiten der belebten Welt zu stärken.
Ganz allgemein stehen also Zwangsphänomene in einem Kontinuum zwischen normalem und krankhaftem Verhalten: sie können als Ausdruck eines psychischen Reparationsversuchs bei Überforderung angesehen werden: so stellen sie - wie oben erwähnt - bei Psychosen, hirnorganischen Krankheiten und Neurosen auch Kompensationsversuche der jeweils krankheitsspezifischen Defizite dar: im Sinne eines Rückzugsgefechts wird die Beweglichkeit der Informationsaufnahme (also die Flexibilität der Kommunikation) zugunsten einer erhöhten innerpsychischen Rigidität gemindert. Eine Zunahme von Stereotypisierung und Ritualisierung im Denken und Handeln modifiziert den Input der diffusen, in Krisensituationen ängstigenden Informationsflut in vertrautere, weniger komplexe Strukturen zurück.
Im folgenden soll auf die Phänomenologie und Funktionalität einzelner Symptome eingegangen werden:

Die Denkstörungen

Formale wie auch inhaltliche Denkstörungen stellen einen wesentlichen Hintergrund der Symptomatik dar: auf einer *formalen Ebene* im Sinne ständigen Grübelns mit dem Verlust der Fähigkeit zur Hierarchisierung der Gedanken, also dem Verlust des Blicks fürs Wesentliche.
Das *inhaltliche Denken* des Zwangskranken kann am ehesten als dominiert durch einen alles beherrschenden Zweifel beschrieben werden; daneben tritt eine magische Grundeinstellung, in der bestimmte Gedanken oder Wahrnehmungsprozesse vermieden oder aufgehoben werden müssen, weil sie sonst Unglück bringen könnten; „Gegen"-gedanken oder „Gegen"-wahrnehmungen müssen initiiert und perseveriert werden, damit eine befürchtete negative Wirkung entkräftet oder neutralisiert wird.

Auch im Kontext alltagstypischer, normalpsychologischer Handlungen oder Gedankengänge (z.B.: bei dem Klopfen auf Holz, dem „Toi, toi, toi"-sagen, den rituellen Sprechgesängen und Maskottchen von Sportmannschaften, dem Hufeisen vor dem Kühlergrill) wird magischen, bannenden Kräften die Fähigkeit zugeschrieben, Unheil abzuwenden. Solche alltäglichen Zwangsrituale schließen z.B. Denk-, Handlungs-, und Wiederholungszwänge, Beschwörungsverstärkungen, den magischen Glauben und die magische Kontrolle des Handelns ein.

Zum *magischen Denkstil* (Shapiro) gehört das Phänomen, daß dem Gedanken - nicht der Tat - eine magische Allmacht zugesprochen wird. Wenn aber bereits der bloße Gedanke an einen Vorgang in der Außenwelt ein konkretes Geschehen ohne jedwede physisch-reale Einwirkung stattfinden lassen kann, müssen besonders aggressive Gedanken oder die daran angrenzenden Affektbereiche wie Neid, Eifersucht, Gier als hochgradig furchterregend erlebt werden: in einer Welt, in der der Macht der eigenen Gedanken kein Widerpart entgegensteht, kann ein „falscher" Gedanke verheerende Auswirkungen haben, kann töten, hat vielleicht schon getötet. Nichts ist hier mehr sicher, alles muß bezweifelt werden....Der magische Charakter dieser Zwangsideen und Zwangshandlungen, die in irrationaler Weise etwas bewirken oder vermeiden helfen sollen, zeigt sich zum Beispiel in der Vorstellung eines Patienten, daß, wenn er eine bestimmte Melodie im Kopf hat, sein Vater sterben könnte. Um dieses Ereignis zu verhindern, muß er sich eine bestimmte andere Melodie vorstellen oder summen, womit er die Todesgedanken symbolisch-magisch rückgängig zu machen versucht.

Bei den *Zwangseinfällen und Zwangsimpulsen* handelt es sich um einschießende Vorstellungen meist aggressiven und sexuellen Inhalts; wie z.B. dranghaft erlebte Gedanken und Gefühle, andere Menschen anzugreifen, zu verletzen, zu ermorden, ansprechen, anschreien, unsittlich anfassen zu müssen; zu den subjektiv belastendsten Zwangsvorstellungen gehören die Ängste, nahestehende Personen - wie die eigenen Kinder - gewaltsam attakieren zu müssen und diesen Imulsen nicht widerstehen zu können. Allerdings setzen Zwangskranke derartige Impulse nur extrem selten in die reale Ausführung um.

In der Magie der Vorstellungen liegt also die Gefahr in unmittelbarer Nähe zur Gegenvorstellung, zur magischen Bannung: so kann in einem Zählzwang der Glaube an die magische Kraft der Denk-Rituale enthalten sein, Unglück zu verhindern; im Sinne einer „Privatreligion" des Betroffenen, mit nicht falsifizierbaren Inhalten im Sinne einer kontinuierlichen Verstärkung: steht das magische Ritual im zeitlichen Kontext einer erfolgreich abgewehrten

„Gefahr", hat es durch diesen Erfolg seine Wirksamkeit bewiesen, bleibt die Gefahr nicht gebannt, wurde das Ritual eben nur nicht in hinreichendem Maße gedacht oder ausgeübt.

Die Handlungsstörung

Hinter dem Zweifel, der das Denken des Zwangskranken so sehr charakterisiert, steht auf der affektiven Seite die Ambivalenz. Als ein regressives, also im Erwachsenenalter wiederbelebtes Phänomen einer frühen psychischen Entwicklungsphase beschreibt Ambivalenz ein Nebeneinander intensiver, gegensätzlicher Affekte und Impulse wie starker Liebe und heftiger Wut gegenüber einem anderen Menschen. Im normalen Entwicklungsverlauf reduziert sich das Ausmaß der Aggression, die Zuneigung dominiert die Beziehung, in der Aggression und den damit verbundenen Impulsen geht es nun nicht mehr um ein destruktiv-existentielles Gegeneinander, sondern um ein assertives Miteinander. Ein hohes Maß an Ambivalenz (also auch Impulsivität) im Erwachsenenalter verbindet sich oft mit einer wesentlichen Handlungsstörung - ein Nicht-entscheiden-können -, als eine Form einer zentralen Ich-Störung. Die Unfähigkeit des Ich zu einer freien, eigenwilligen Handlungsführung macht es dann subjektiv umso gefährlicher, Triebimpulse zuzulassen. Es steht kein funktionsfähiges Ich zur Verfügung, welches in seiner Entwicklung durch probierendes Handeln gelernt hätte, Denken und Tun sicher zu unterscheiden. Im präoperationalen Denken kann dann, wie oben erwähnt, ein aggressiver Gedanke in der Vorstellung des Patienten schon real töten. Das Vor-Handeln ist also von weitaus größerer Bedeutung als das wirkliche Ausführen der Handlung.

Es geht also um eine Störung der Assertivität, der Aggression im Sinne des Adgredi, der Fähigkeit zum aktiven Herangehen an ein Problem, zum Handeln. Der Ablauf eines gesunden Handlungserlebens ist dadurch gekennzeichnet, daß eine Entscheidung fest und sicher getroffen und die Handlung rasch und entschieden in Gang gesetzt werden kann, daß sie dann relativ unbeirrbar durchgeführt werden kann, ohne von größeren Zweifeln, Bedenken und Gegenimpulsen gestört zu werden (überdrehte Rückkopplung) und daß sie erfolgreich, mit dem Gefühl, das Handlungsziel erreicht zu haben, zu Ende gebracht werden kann.

Dem Zwangskranken aber bereitet bereits die Einleitung einer Handlung große Schwierigkeiten; oft findet man Züge von Zaudern, Unentschlossenheit, Zurückhaltung, Vermeiden. Aufgaben, Pflichten und Anregungen von

außen können an die Stelle eigener Entschlüsse treten; auch im weiteren Handlungsablauf verbleibt oft ein Erleben der eigenen Unzuverlässigkeit dem eigenen Tun gegenüber, er kann sich auf sein Handeln nicht verlassen.
Zwangshandlungen (häufig: Waschzwänge) sind eine häufige Folge von Zwangsideen. Auch hier sollen magische Rituale das Böse bannen, welches erst das eigene Denken und Wünschen heraufbeschworen hat: Kontrollzwänge sollen die Folgen dieser Gedanken reaktiv abwenden, müssen aber in der Regel dauernd perpetuiert werden, weil sich die Zweifel immer wieder durchsetzen; wie auch bei Ordnungszwängen. Diese Zwänge reduzieren eine Selbstunsicherheit (habe ich wirklich abgeschlossen?) und sie reduzieren die Angst vor Ablehnung (mache ich das genau genug?) als Folge möglicher psychosozialer Defizite: durch Übererfüllung sozialer Normen wie eben der Sekundärtugenden Ordnung, Zuverlässigkeit, Genauigkeit. Dadurch soll Zustimmung und Belohnung geschaffen und gesichert werden. Tritt der gewünschte Effekt nicht ein, wird der zwanghafte Lösungsversuch erneut und verstärkt angewandt: auch und gerade, wenn die Umwelt immer ablehnender reagiert. Es kann also ein circulus vitiosus von Selbstunsicherheit - dann Zwangsverhalten zum Zweck der Anerkennung - darauf Ablehnung - darauf Zunahme der Selbstunsicherheit - beschrieben werden.
Auch bei Waschzwängen, die als einziges Zwangsphänomen Ähnlichkeiten mit dem phobischen Vermeidungsverhalten zeigen, dominiert die magische Gewißheit der eigenen Verhaltenseffektivität: angstauslösende Impulse oder Phantasien können nachträglich - magisch - beseitigt werden. Im Sinne der Zwangshandlung wird das Vermeidungsverhalten durch das magische Reinigungsritual ergänzt. Besteht trotzdem keine hinreichende Gewißheit der eigenen Verhaltenseffektivität, müssen zur Sicherung der Abwehr des Bösen noch weitere Elemente (z.B. Zähl- und Wiederholungszwänge) eingebaut werden.
Fassen wir es nochmals - hoffentlich nicht zu zwanghaft - zusammen: der Zwangskranke hat Schwierigkeiten beim Handlungsansatz, er ist entscheidungsunsicher. Er kann sich in Bezug auf seine motorisch-aggressiven Regungen nicht auf sich verlassen. Das Gefühl der Unzuverlässigkeit bleibt während des gesamten Handlungsablaufs bestehen und verlöscht auch nicht nach Ablauf der Handlung; dabei besteht weniger ein Zweifel daran, überhaupt gehandelt zu haben, sondern die Spannung erwächst aus der Frage, ob richtig oder falsch gehandelt wurde.
Bei solchen Denkzwängen, die durch die Erwartung von Katastrophen gekennzeichnet sind und das „Wissen" um bevorstehende oder bereits eingetretene Schäden beinhalten, dominiert eher die Gewißheit der eigenen Hilflo-

sigkeit und Ohnmacht. Sie induzieren negative Emotionen wie Angst, Schuld, Depression, Suizidalität und ähneln dabei Depressionssymptomen. Sie können in Bezug auf das interaktionelle Geschehen allerdings auch ein Ventil zum Ausdruck einer sonst tabuisierten Aggression sein und/oder eine unbewußte indirekte Strategie zur Vermeidung eines spontaneren, gefühlsbetonteren und engeren - „näheren"- Beziehungsmodus darstellen, sofern solche Beziehungen als subjektiv - unbewußt - bedrohlich empfunden und gemieden werden, da z.B. aufgrund zurückliegender Erfahrungen (Trennung, Verlust, Beschämung) die Erwartungshaltung geprägt wurde, daß andere Menschen grundsätzlich nicht vertrauenswürdig und nicht prinzipiell wohlwollend sind, einen nicht mögen und/oder dominieren wollen.
Im Sinne einer selbsterfüllenden Prophezeiung kann sich hier also eine zunehmende soziale Isolierung mit einer Zunahme der Symptomatik einstellen: dies ist allerdings bei allen psychischen Störungen ein möglicher Faktor der Perpetuierung des seelischen und interpersonellen Elends.

5. Zur Ätiogenese der Zwangsstörung

5.1. Psychodynamische Sichtweisen

Unter dem Konstrukt der Strukturierung der Psyche in Es, Ich und Über-Ich vermochte Freud 1926 die Dynamik des Zwangssymptoms differenziert zu beschreiben: als spezifische Abwehrleistung des Ich zur Lösung eines innerpsychischen Konfliktes zwischen bestimmten antisozialen Ansprüchen des Es auf der einen und charakteristischen, rigide strafend-verfolgenden Einstellungen des Über-Ich auf der anderen Seite. In seiner neuen Konzeptualisierung der Zwangsphänomene liegen deren psychogene Wurzeln in den frühen Phasen der kindlichen Entwicklung. Freuds Interesse an der Psychodynamik der Zwangsstörung galt besonders den unbewußten Prozessen im Es, aber auch den konstruktiven Lösungsversuchen (Abwehrmechanismen) des Ich (des Zwangskranken) in Form von Isolierung, Reaktionsbildung, Ungeschehen-Machen, Intellektualisierung, Rationalisierung.
So differenziert Fenichel 1975 die Zwangsstörung von der Hysterie durch die Betonung der unterschiedlichen Abwehr: „Der Zwangsneurotiker isoliert, wo der Hysteriker verdrängt", was bedeutet, daß sich beide Störungen durch ihren unterschiedlichen Umgang mit der gekoppelten Trias Vorstellung-Impuls-Affekt differenzieren lassen: während in der Hysterie diese Trias um die bedrohlich erlebten Vorstellungen und Impulse, die verdrängt werden,

gekürzt wird, sodaß nur die Affekte wahrnehmungsfähig sind, bleiben bei der Zwangsstörung die Vorstellungen oder Phantasien bewußt, werden aber von den daran gekoppelten Affekten und Impulsen isoliert. Erfolgt also der Prozeß der Isolierung erfolgreich, ist sich der Patient nur noch einer affektfreien Vorstellung bewußt, die damit ursprünglich verbundenen Impulse und Affekte (z.B. Ärger, Neid) bleiben unterdrückt. Sekundär im Sinne eines Reflektionsprozesses können jetzt aber Affekte den primär affektisolierten Vorstellungen folgen, z.B. Schuld- und Angstgefühle, die nun ihrerseits wiederum Bewältigungsprozesse zur Kompensation oder Bannung -„Gegen"-Gedanken oder -Handlungen in Gang setzen.

Durch die Verdrängung der unerwünschten Phantasien und Impulse versucht der hysterische Patient mit seinem „impressionistischen" Denkstil unbewußt, sich vor sich selbst und vor den anderen anders - in der Regel unschuldiger - zu inszenieren, als er ist; die Grenzlinie zwischen Phantasie und Realität ist für ihn verwaschen, ohne wichtige Bedeutung.

Für den Zwangsgestörten ist es dagegen nicht von wesentlichem Belang, wie er anderen erscheint, er ist - in einem eher rigiden und pedantischen Denkstil - interessiert an den vermuteten möglichen Folgen seiner Impulse oder Phantasien. So ist es nicht die Funktion des Händewaschens, das Thema Sauberkeit-Reinheit-Unschuld zu inszenieren, sondern es geht darum, die subjektiv evidente Schuld im Handeln tatsächlich abzuwaschen (Lady Macbeth).

Es ist die Besonderheit dieser Störung, daß die pathogenen Impulse in das Bewußtsein durchbrechen können, sodaß die Abwehr deshalb weitaus weniger auf dem Modus der Verdrängung als dem Modus der inhaltlichen und affektiven Isolierung basieren kann.

Quint betont 1988 die besondere Unfähigkeit des Ich des Zwangskranken zu einer freien, eigenwilligen Handlungsführung; diese Kompetenz sei durch eine magische Einstellung und eine ausgeprägte Ambivalenz eingeschränkt, der später anankastische Mensch habe in seiner Kindheit nicht durch probierendes Handeln lernen können, zwischen Denken und Tun zu unterscheiden. So bliebe das frühkindlich-präoperationale Denken des Bereichs der Phantasien und Wünsche zuungunsten des Tuns auch in späteren Entwicklungsphasen weiter dominant; woraus die magische Gleichsetzung von Denken und Handeln erwachse: Die böse Phantasie ist dann immer auch das böse Tun, das, um der Angst vor der subjektiven Allmacht und der Liebe willen permanent kontrolliert und begrenzt werden muß. Alle andrängenden Impulse sind in diesem Kontext potentiell zerstörerisch, alle Abwehrmaßnahmen prinzipiell unsicher, der vom Ich zu leistende Abwehraufwand deshalb außergewöhnlich groß, ohne Sicherheit vermitteln zu können. Dem durch die Unfähigkeit zum probierenden Handeln geschwächten, partiell funktionsunfähigen Ich steht kompensatorisch ein besonders rigides, strenges Über-Ich gegenüber, welches die Normen der Verbote und Ideale bestimmt. Dem Bereich der subjektiv höchst antisozial erlebten Impulse steht also ein hypermoralisches Gewissen gegenüber.

Diese psychodynamische Sicht als Trieb-Abwehr-Konflikt wurde neuerdings um die Aspekte eines allgemeineren Abhängigkeits-Autonomie-Konfliktes, hier in der Ausprägung Auflehnung vs. Gehorsam, erweitert: zwar unterwirft sich der Zwangsneurotiker seinen strengen Über-Ich-Normen, hintergründig jedoch beweist er sich hier opponierend durch in das Bewußtsein vordringende antisoziale Tendenzen (z.B. mit dem Impuls, in sakraler Umgebung sozial unerwünschte Äußerungen zu tätigen) auch kompromißhaft seine Autonomie im Sinne eines Nebeneinanders von Befriedigung und Buße/Widergutmachung. Als Beispiel für eine klinisch häufig zu beobachtende versteckte Autonomietendenz könnte auch das Beziehungsangebot eines immer mehrere Minuten zu spät zum Gespräch erscheinenden Zwangspatienten gelten, nach dessen Erscheinungszeit man aber immer die Uhr stellen könnte.

Als Grundlage dieses Abhängigkeits-Autonomie-Konfliktes werden zunächst - in einer frühen Entwicklungsphase - auftretende externe Konflikte zwischen dem Kind und der Bezugsperson angesehen, die später dann als ein psychischer Konflikt zwischen dem Über-Ich und dem nach Unabhängigkeit tendierenden Ich internalisiert werden. Die frühe Bestrafungsangst mutiert zumindest partiell zum Schuldgefühl; das Ich versucht jetzt, in fast hoffnungslosen Bestrebungen z.B. in Form von Wiedergutmachungsaktionen, seine immer wieder neu aus den Autonomieimpulsen erwachsenden Schuldgefühle zu mindern. Daneben muß es an einer weiteren Front zum Es dessen „unbotmäßige", z.B. agressive oder sexuelle Impulse in Schach halten, um nicht das Schuldkonto zu erhöhen.

5.2. Die Familie des Zwangskranken

Diese Modelle spiegeln einige Aspekte aus den Beobachtungen des Familienmilieus der späteren Zwangspatienten wieder: häufig fällt eine Häufung zwanghafter Familienmitglieder auf; das familiäre Klima zeigt häufiger eine starke Rigidität der Beziehungsmodi im Sinne sachbezogen-phantasiearmer-konkretistischer, strenger, teilweise auch aggressiv-willkürlicher Interaktionsmuster (Freud beschäftigten in seiner Epoche die Folgen der

„Sauberkeitsdressur" als besonders drastisches Modell dieser Rigidität: „Paradigmatisch ist der Anspruch dieser Mutter, auch über die inneren Vorgänge des Kindes (besonders die Defäkation) zu herrschen und sie ihrer eigenen Kontrolle zu unterstellen".).
Rigide-anankastische Beziehungsmuster entwickeln sich in der Regel dann zuungunsten von individueller Autonomie, Spontanität, Motorik und Assertivität („konstruktive Aggressivität"). Oft unreflektierte Regeln (was „man" tun oder lassen sollte) schränken die Individuation, das „Anders-sein-Können" ein; Individuationstendenzen ängstigen das familiäre System (Verrat an der Kohärenz); der primär äußere Zwang wird später mit Angst und Schuld zu einem inneren Konflikt, anstelle der gelebten Autonomie entstehen Scham und Zweifel (Erikson), da das Bedürfnis nach Individuation und Autonomie der psychischen Abhängigkeit von den Eltern konflikthaft entgegensteht. Auf dieser Seite der Abhängigkeit steht auch die von Quint problematisierte fehlende positive Konnotation des ausprobierenden kindlichen Handelns durch die Eltern sowie eine reaktiv auf die kindliche Assertivität von den Eltern induzierte Schuldthematik mit dem fortlaufend malignen Prozeß von elterlicher Einengung der kindlichen Autonomiebestrebungen - kindlicher Wut - elterlicher Angst mit Schuldinduktion beim Kind und stärkerer Einengung - ohnmächtiger Wut, Schuld und Angst vor Verlust der Sicherheit und der elterlichen Zuneigung beim Kind. Hier schließt sich der Kreis zum oben beschriebenen, grundlegenden Abhängigkeits-Autonomie-Konflikt.

Es bleibt leider festzustellen, daß die metapsychologischen psychoanalytischen Erkenntnisse über die Zwangsstörung in den letzten Jahrzehnten die 1884/1885 von Freud erstmals beschriebenen und 1926 ergänzten dynamischen Aspekte nicht entscheidend erweitert haben. So äußert Benedetti 1993, wie „bescheiden sich die späteren Beiträge gegenüber der Genialität des Freud´schen Entwurfes ausnehmen".

Literatur

1. *Benedetti G (1993) Psychodynamik der Zwangsneurose. Wiss. Buchgesellschaft, Darmstadt*
2. *Bräutigam W (1994) Reaktionen, Neurosen, Abnorme Persönlichkeiten: Seelische Krankheiten im Grundriß. Thieme, Stuttgart*
3. *Csef H (1988) Zur Psychosomatik des Zwangskranken. Springer, Berlin, Heidelberg, New York*

4. Dührssen A (1972) Analytische Psychotherapie in Theorie, Praxis und Ergebnissen. Vandenhoek und Rupprecht, Göttingen
5. Ecker W (1994) Stationäre Verhaltenstherapie bei Zwangsneurosen In: Zielke M, Sturm J: Handbuch stationärer Verhaltenstherapie. Psychologie-Verl. Union, Weinheim
6. Erikson EH (1965) Kindheit und Gesellschaft. Klett, Stuttgart
7. Fenichel O (1975) Psychoanalytische Neurosenlehre. Olten, Freiburg
8. Ferstl H (1997) Zwangsstörungen; in Ahrens S. Lehrbuch der psychotherapeutischen Medizin. Schattauer Stuttgart, New York
9. Freud S (1894) Die Abwehr-Neuropsychosen. GW I Imago, London
10. Freud S (1907) Zwangshandlungen und Religionsübungen. GW VII Imago, London
11. Freud S (1909) Bemerkungen über einen Fall von Zwangsstörungen. GW VII Imago, London
12. Hand I (1993) Verhaltenstherapie für Zwangskranke und deren Angehörige. In: Möller HJ: Therapie psychiatrischer Erkrankungen. Enke Stuttgart
13. Hand I, Goodman WK, Evers U (1992) Zwangsstörungen. Neue Forschungsergebnisse. Springer, Berlin, Heidelberg, New York
14. Hoffmann SO, Hochapfel G (1995) Neurosenlehre, Psychotherapeutische und Psychosomatische Medizin. Schattauer, Stuttgart, New York
15. Kutter P, Loch W, Roskamp H, Wesniak W (1989) Die Krankheitslehre der Psychoanalyse. Hirzel, Stuttgart
16. Lang H (1986) Der Zwangsneurotiker als „Gehemmter Rebell". Psyche 40 Klett-Cotta, Stuttgart
17. Mentzos S (1993) Neurotische Konfliktverarbeitung. Fischer, Frankfurt
18. Mertens W (1993) Schlüsselbegriffe der Psychoanalyse. Verlag Int. Psychoanal., Stuttgart
19. Nemiah JC (1988) Zwangsneurose. In: Freedman AM, Kaplan HI et al. Psychiatrie in Praxis und Klinik. Thieme Stuttgart, New York
20. Quint H (1976) Über die Zwangsneurose. Verlag für Med. Psychologie, Göttingen
21. Quint H (1993) Psychoanalytische Therapie von zwangsneurotischen Patienten. In: Möller HJ: Therapie psychiatrischer Erkrankungen. Enke Stuttgart
22. Sasson Y et al. (1997) Epidemiology of obsessive-compulsive disorder: a world view. J. Clin. Psychiatry 58 Suppl. 12
23. Schwidder W (1986) Klinik der Neurosen. In: Kisker KP et al. Psychiatrie der Gegenwart, Band 2: Krisenintervention, Suizid, Konsiliarpsychiatrie. Springer, Berlin, Heidelberg, New York
24. Shapiro D (1965) Neurotic Styles. Basic Books, New York, London
25. Thomä H, Kächele H (1985) Lehrbuch der psychoanalytischen Therapie. Springer, Berlin, Heidelberg, New York

Symptomatik und Therapie der Zwangsstörungen im Kindes- und Jugendalter

H.-Ch. Steinhausen

Im Rahmen eines umfangreichen Projektes der Entwicklungspsychopathologie sind wir an dem langfristigen Verlauf verschiedener psychischer Störungen interessiert, die im Kindes- und Jugendalter ihren Ausgang nehmen. Dazu gehören auch die Zwangsstörungen, die in der kinder- und jugendpsychiatrischen Klientel relativ selten sind. Das Projekt beruht auf einer retrospektiven Erfassung aller Patienten, die im Zeitraum zwischen 1979 und 1996 den kinder- und jugendpsychiatrischen Dienst des Kantons Zürich in Anspruch genommen haben. Der vorliegende Bericht basiert auf einer retrospektiven Datenerhebung, die selbstverständlich Fragen hinsichtlich der Vollständigkeit der Daten offenläßt. Andererseits wurden nicht nur die elektronisch verfügbaren Daten einer Grunddokumentation für alle Patienten des Dienstes benutzt, sondern auch die Krankengeschichten eingehend analysiert. Dabei wurden sämtliche Diagnosen im Lichte der modernen Kriterien der ICD- 10 überprüft und eine beträchtliche Anzahl von Diagnosen nach dem alten ICD-9-Schema verworfen. Es zeigte sich, daß die ICD-9-Klassifikation mit ihrer ungenügenden Operationalisierung der Kriterien für die Diagnose einer Zwangsstörung Kliniken die Möglichkeit eröffnete, sehr weit gefaßte, z.Teil psychodynamisch interpretierte Strukturdiagnosen der Persönlichkeit vorzunehmen, die mit den Kriterien der ICD- 10 nicht in Einklang stehen.

Stichprobe

Insgesamt konnten in den 17.861 Krankengeschichten 62 Fälle mit der Diagnose einer Zwangsstörung gemäß ICD-10 identifiziert werden. Dies entspricht einer Inanspruchnahme-Prävalenz von 0.3 %. Die Geschlechterrate zeigt mit 1.5 zu 1 ein Überwiegen des männlichen Geschlechtes. Hinsichtlich der Sozialschichtverteilung konnte mit einem Verhältnis von 2.3: 1 ein Überwiegen von Unterschichtangehörigen gegenüber Mittelschichtangehörigen festgestellt werden.

Methodik

Zusätzlich zu den vorhandenen, elektronisch gespeicherten Daten einer Basisdokumentation wurden spezielle Dokumentationen für die Erfassung familienanamnestischer und therapeutischer Daten eingesetzt. Ferner kam die Beurteilungsskala für Zwangsstörungen bei Kindern (CY-BOCS, Berg 1989, deutsche Überarbeitung durch Döpfner 1998) zur Anwendung.
Es ist geplant, im Rahmen der Langzeitstudie die Patienten im jungen Erwachsenenalter nachzuuntersuchen, wobei direkte psychiatrische und psychosoziale Interviews durchgeführt und die Symptomatik über die Beurteilungsskala für Zwangsstörungen im Erwachsenalter (YBOCS) überprüft werden sollen.

Klinische Symptome

Insbesondere für die folgende Darstellung der Symptom-Häufigkeiten gilt der bereits vorgenommene Vorbehalt, daß alle Daten auf einer retrospektiven Erfassung der Symptome, soweit sie in den Krankengeschichten eingetragen waren, basieren. Der in Tabelle 1 vorgenommene Vergleich bezieht sich auf zwei weitere Studien aus dem nordamerikanischen Raum, die ebenfalls mit der CY-BOCS durchgeführt wurden. Die Daten zeigen eine beträchtliche Heterogenität über die drei verglichenen Studien. In allen Studien wird aber deutlich, daß im Kindesalter vergleichsweise mehr Zwangshandlungen als Zwangsgedanken auftreten bzw. von Untersuchern registriert werden. Unter den Zwangshandlungen nehmen die Reinigungs- und Waschzwänge eine führende Rolle ein und werden von Wiederholungszwängen hinsichtlich der Häufigkeit gefolgt. Wenngleich die Häufigkeiten zwischen den verglichenen

Tab. 1: Symptom-Häufigkeiten im Vergleich

	diese Studie n (%)	**Swedo et al. (1989) n (%)**	**Hanna (1995) n (%)**
Zwangsgedanken			
Schmutz, Erreger, Umweltgifte	27	40	87
Furcht vor Selbstverletzung, Verletzung anderer, zukünftigem Unheil	19	24	81
Symmetrie, Ordnung	8	17	64
Religiöse Inhalte	3	13	23
sexuelle Zwangsgedanken	6,5	4	26
Zwangshandlungen			
Reinigungs- und Waschzwänge	50	85	84
Wiederholungszwänge	31	51	64
Kontrollzwänge	21	46	64
Ordnungszwänge	27	17	61

Studien variieren, sind dennoch unter den Zwangsgedanken Befürchtungen über Schmutz, Erreger und Umweltgifte führend. Sie werden ebenfalls in einer der drei Studien in unterschiedlicher Häufigkeit durch Furcht vor Selbstverletzung, Verletzung anderer oder zukünftigem Unheil gefolgt.
Auch die bereits zitierte Geschlechterverteilung mit einem Überwiegen des männlichen Geschlechtes findet in den beiden genannten Studien ihre Entsprechung. Alle drei verglichenen Studien weisen etwa zwei Drittel Jungen gegenüber einem Drittel Mädchen auf.
In einer Serie von statistischen Analysen wurden sodann die Daten der CY-BOCS daraufhin geprüft, inwieweit Beziehungen zwischen Alter, Geschlecht und Sozialschicht jeweils einerseits sowie Symptom-Ausprägung andererseits bestehen. Insgesamt ergaben sich über die verschiedenen Symptom-Klassen der CY-BOCS keine bedeutsamen Alterseffekte. Auch hinsichtlich des Faktors des Geschlechts konnte kein bedeutsamer Zusammenhang mit der Symptomatik festgestellt werden. Eine einzige signifikante Beziehung wies Kontrollzwänge deutlich häufiger beim weiblichen Geschlecht aus. Angesichts der zahlreichen durchgeführten statistischen Analysen kann dieser Einzelbefund jedoch auch als ein Zufallsbefund interpretiert werden. Etwas robuster ist der Befund einer signifikanten Beziehung von Zwangsgedanken mit Mittelschichtzugehörigkeit.

Eine Analyse der Komorbidität ergab insgesamt relativ niedrige Häufigkeiten. Eine gleichzeitig bestehende Ticstörung lag bei 6,5 %, eine Angststörung bei 4,8 %, Phobien, emotionale Störungen, eine Anorexia Nervosa, eine Störung des Sozialverhaltens sowie eine Enuresis jeweils bei 3,2 % und affektive Störungen, Hyperkinetische Störungen und eine paranoide Persönlichkeitsstörung jeweils bei 1,6 % der Fälle vor.
Die im Rahmen der multiaxialen kinder- und jugendpsychiatrischen Diagnostik beurteilte Achse 5 der assoziierten psychosozialen Umstände wies die Gesamtstichproben mit Zwangsstörungen als relativ wenig auffällig aus. Abnorme intrafamiliäre Beziehungen (z.B. Mangel an Wärme, Disharmonie zwischen den Eltern oder feindselige Ablehnung) sowie eine inadäquate oder verzerrte intrafamiliäre Kommunikation fanden sich bei 15 % der behandelten Patienten. Eine abnorme unmittelbare Umgebung im Sinne einer Erziehung in einem Heim oder eine abweichende Elternsituation konnte bei 9 % beobachtet werden. Alle anderen Auffälligkeiten auf der Achse 5 des multiaxialen Diagnoseschemas waren noch einmal deutlich seltener. Insgesamt entstand der Eindruck, daß das psychosoziale Umfeld von Patienten mit Zwangsstörungen eher weniger Auffälligkeiten aufweist, als üblicherweise bei der Diagnostik kinder- und jugendpsychiatrischer Störungen festgestellt wird.
Schließlich zeigte die Erfassung der globalen Funktionsbestimmung gemäß Achse 6 des multiaxialen Schemas für kinder- und jugendpsychiatrische Störungen einen Schwerpunkt bei der mäßigen bis deutlichen sozialen Beeinträchtigung durch die Grundstörung. Diese Werte spiegeln eher einen stärkeren Grad der Funktionsbeeinträchtigung wider, als typischerweise bei kinder- und jugendpsychiatrischen Störungen erwartet werden kann.

Therapie

Die folgenden Ausführungen stützen sich nicht auf die eigene Datensammlung, zumal sich eine retrospektive Erfassung realisierter Therapien als einerseits schwierig und andererseits wenig perspektivenreich erweist. Da die innovativen Behandlungsansätze für die Behandlung von Zwangsstörungen erst aus der jüngsten Vergangenheit stammen, konnten sie in die Behandlung der eigenen Patienten nur begrenzt Eingang finden.
Es soll im folgenden daher kurz skizziert werden, welche Behandlungsstrategien für Kinder und Jugendliche erfolgsversprechend sind. Grundsätzlich steht am Anfang jeder Therapieplanung die Überlegung, inwieweit ambulant behandelt werden kann bzw. stationär behandelt werden muß. Gerade die

häufige Einbeziehung von Eltern in die Zwangshandlungen ihrer Kinder kann für eine stationäre Behandlung sprechen, um diese sekundären Verstärkungen der Symptomatik abzubauen. Sodann muß über die Vorgehensweise entschieden werden, wobei einerseits verhaltenstherapeutische und andererseits pharmakotherapeutische Interventionen zu bedenken sind. In dem Behandlungsplan ist ferner die Frage der Behandlung von komorbiden Störungen - insbesondere Ticstörungen, affektive Störungen und hyperkinetische Störungen zu berücksichtigen. Schließlich ist wegen der häufigen Chronizität von Zwangsstörungen zu bedenken, inwieweit eine Erhaltungstherapie eingesetzt und dabei auch die Zusammenarbeit mit der Familie realisiert werden soll.

Unter den insgesamt sehr zahlreichen Verfahren der Verhaltenstherapie (vgl. Steinhausen und von Alster 1998) hat sich bei der Behandlung der Zwangsstörungen auch bei Kindern und Jugendlichen die Expositionsbehandlung mit Reaktionsverhinderung als erfolgreich erwiesen.

Sie basiert zunächst auf der Entwicklung einer Hierarchie angst- bzw. zwangsauslösender Situationen und Reize, gegenüber denen sodann entweder in der Vorstellung oder in der Realität exponiert wird. Ein weiteres entscheidendes therapeutisches Element ist die Reaktionsverhinderung. Unabhängig davon, ob die Exposition in der Vorstellung oder in der Realität erfolgt, muß eine anschließende Exposition im natürlichen Umfeld erfolgen, um die in der Therapie realisierten Erfolge auf das Alltagsleben zu generalisieren.

Eine ausführliche Beschreibung des Vorgehens in der Verhaltenstherapie der Zwangsstörung befindet sich bei Döpfner (1998). Der Autor beschreibt die einzelnen Schritte des diagnostischen Vorgehens, wobei ein besonderer Schwerpunkt bei der Exploration der aktuellen Zwangssymptomatik gelegt werden muß. Da im Zentrum von Zwangsstörungen in der Regel Ängste stehen, fließen in der Behandlung auch Elemente der systematischen Desensibilisierung ein, indem z.B. eine Angsthierarchie erstellt und die verschiedenen Ängste über eine gleichzeitig eingesetzte systematische Entspannung abgebaut werden. Da psychische Störungen im Kindes- und Jugendalter generell eine stark familienzentrierte Behandlungsweise erfordern und dies angesichts der bereits genannten Einbeziehung von Eltern in die Symptomatik ihrer Kinder für Zwangsstörungen in ganz besonderem Maße gilt, nimmt die Einbeziehung der Familie in der Behandlung einen breiten Raum ein. Hierzu müssen Familiengespräche über die Zwangsstörung und ihre Auswirkungen geführt werden. Ferner muß ein gemeinsames angemessenes Krankheitskonzept erarbeitet werden. Darüberhinaus müssen die Bezugspersonen die Symptomatik der Patienten kontinuierlich beobachten und aufzeichnen, und es müssen angenehme familiäre Interaktionen aufgebaut werden sowie die

elterliche Unterstützung und Zuwendung bei der Durchführung von Zwangshandlungen abgebaut werden. Ebenso muß die elterliche Unterstützung bei der Vermeidung von Situationen, welche die Zwangssymptomatik auslösen, vermindert werden. Schließlich soll die Familie lernen, die angemessenen Bewältigungsbemühungen des Patienten und die Symptomreduktion positiv zu verstärken.
Hinsichtlich der Pharmakotherapie von Zwangsstörungen im Kindes- und Jugendalter liegen im Vergleich zur Literatur über Erwachsene mit Zwangsstörungen weniger kontrollierte Studien vor. Gleichwohl zeichnet sich als Ergebnis einer systematischen Analyse in gleicher Weise wie bei Erwachsenen ab, daß Zwangsstörungen im Kindes- und Jugendalter nur mit wenigen Substanzen erfolgreich behandelt werden können. Hierzu zählen nach einer Übersichtsarbeit von Thomsen (1996) ausschließlich die Substanzen Clomipramin und die moderneren selektiven Serotonin-Wiederaufnahme-Hemmer. Fluoxetin und neuerdings auch Fluvoxamin sind nicht nur wirksame Substanzen, sondern weisen sich gegenüber Clomipramin als deutlich nebenwirkungsärmer und damit angenehmer für die Patienten aus.
Trotz dieser unbestreitbaren Fortschritte in der Verhaltens- und Pharmakotherapie der Zwangsstörungen im Kindes- und Jugendalter bleiben weiterhin wichtige Fragen offen. Diese resultieren in erster Linie aus der nicht unbeträchtlichen Zahl chronischer Verläufe von Zwangsstörungen. In diesem Zusammenhang sind kontrollierte Studien erforderlich, um das Vorgehen bei Erhaltungstherapien sowie die Wirksamkeit von Kombinationsbehandlungen aus Verhaltens- und Pharmakotherapie zu überprüfen.

Literatur

1. *Berg CZ (1989) Behavioral assessment techniques for childhood obsessive-compulsive disorder. In: Rapoport, J.L. (ed): Obsessive Compulsive Disorder in Children and Adolescents. p. 41-70. American Psychiatric Press, Washington*
2. *Döpfner M (1998) Zwangsstörungen. In: Steinhausen, H.-C., M. von Aster (Hrsg.): Handbuch der Verhaltensmedizin und Verhaltenstherapie bei Kindern und Jugendlichen. 2. Auflage. Psychologie Verlags Union, Weinheim*
3. *Hanna GL (1995) Demographic and Clinical Features of Obsessive-Compulsive Disorder in Children and Adolescents. J. Am. Acad. Child Adolesc. Psychiatry 34: 19-27*

4. *Swedo SE, Rapoport JL, Leonard H, Lenane M, Cheslow D (1989) Obsessive-Compulsive Disorder in Children and Adolescents. Archives of General Psychiatry 46: 335-346*
5. *Steinhausen H-C, von Aster M (1998) (Hrsg.) Handbuch der Verhaltensmedizin und Verhaltenstherapie bei Kindern und Jugendlichen. 2. Auflage. Psychologie Verlags Union, Weinheim*
6. *Thomsen PH (1996) Treatment of obsessive-compulsive disorder in children and adolescents. European Child & Adolescent Psychiatry 5: 55-96*

Psychologische Einflußfaktoren für die Entstehung und Behandlung der Zwangserkrankung

H. Unger

I. ***Entstehung:***

1. Ätiologische Modelle
   a) Lerntheoretischer Ansatz.
   b) Preparedness-Konzept.
   c) Kognitiver Ansatz.

2. Sozialisationsbedingungen in der Herkunftsfamilie

II. ***Behandlung:***

1. Psychische Situation des Zwangskranken und dadurch entstehende Problematik für die Therapie.
2. Exposition und Reaktionsmanagement.
3. Arbeit an der Emotionalität des Patienten.
4. Hinweise für Angehörige für den Umgang mit Betroffenen.

1. Ätiologische Modelle

a) Lerntheoretischer Ansatz

Das 2-Faktoren-Modell Mowrer (6) nach dem Prinzip der klassischen und operanten Konditionierung bildet die Basis für eine 4er-Kette, die wir als Erklärungsschema dem Zwang zugrunde legen, mit der subjektiv unbewältigbaren Emotion als eigentlichem Auslöser oft für den Patienten zunächst nicht wahrnehmbar, dem erhöhten Arousal als erste Reaktion und nachfolgend das Zwangsritual, das kurzfristig zum Nachlassen der Ängste führt. Abb. 1 - Zaudig (14).

SD →	R1 →	R2 →	C-/
Subjektiv unbewältigbare Emotionen	Ängste und unspezifisches Arousal	Zwangsreaktion (z. B. Waschen o. Kontrollieren)	(kurzfristiges) Nachlassen d. unspezifischen Arousal und der Ängste

Das kann bedeuten, daß eine starke emotionale Belastung, z.B. chronifizierter Familienkonflikt mit einem sonst neutralen Auslöser, z.B. verschmutzter Türgriff, Umgang mit elektrischen Geräten, verbunden wird (1. Faktor). Der neutrale Reiz „verschmutzter Türgriff" wird mit der emotionalen Anspannung gekoppelt und führt zu einer Schreckreaktion. Der Pat. senkt die Anspannung dann durch Abwaschen der Hände, Vermeidung des Türgriffs etc. (2. Faktor) - Zaudig (14). Er hat dann die Möglichkeit, über seinen Zwang z.B. zu kontrollieren, wer in sein Zimmer kommt, die Tür anfassen kann, und versucht so, die Daueranspannung in der Familie zu bewältigen. Das führt zu einer negativen Verstärkung des Zwangsphänomens und einer vorübergehenden Angstreduktion - Rachman u. Hodgson (9). Das Vermeidungsverhalten stabilisiert das System, da der Pat. sich den gefürchteten Bedingungen nicht mehr aussetzt. Das bedeutet langfristig keine Konfrontation mit den ursprünglichen Gefühlen und der auslösenden Situation, eine hohe Löschungsresistenz und eine Generalisierung, d.h. die Angst vor Verschmutzung breitet sich auf immer mehr Objekte aus - Tunner (13). Wenn das Zwangsverhalten stark chronifiziert ist, kann der Pat. erst dann mit dem Zwang aufhören, wenn er ermüdet ist, und er fühlt sich dem Zwang völlig ausgeliefert.

b) Preparedness-Konzept

Bestimmte Themen sind vorherrschend bei der Ausprägung des Zwanges. Oft drehen sie sich um Einhalten von Regeln, Ordnen, sexuelle Tabus, Besorgnis über Verschmutzung, auch religiöse Motive. Das sind Themen, die letztendlich auch in der Evolution der Menschheit von zentraler Bedeutung waren und mit welchen in allen Kulturen ein ritueller Umgang festgelegt wurde, z.B. um Gefahren zu bannen, Krankheiten abzuwenden etc. Ein Verstoß dieser Rituale hat oft beim Betreffenden zu starken Ängsten und Unsicherheiten geführt. Das bedeutet, daß solche angeborenen Vorsichtsmaßnahmen überlebenswichtig waren und eine Erklärung dafür sein könnten, warum ganz spezifische Angstmuster so schnell und schwerwiegend dysfunktionale Verhaltensweisen auslösen können - deSilva, Rachman und Seligman (1).

c) Kognitiver Ansatz

Speziell bei den Gedankenzwängen, aber auch bei den Handlungszwängen tauchen zunächst Gedanken auf wie „habe ich den Herd ausgeschaltet" oder aggressive Impulse wie „ich könnte jemanden schlagen". Das sind Gedanken, die täglich auch bei nicht Zwangsbetroffenen auftauchen können, aber nicht sonderlich registriert werden - Rachman et al. (8). Nun geht der kognitive Ansatz davon aus, daß Personen, die sehr strenge Überzeugungen haben in dem Sinne, daß sie den Anspruch haben, auch ihr Denken unter Kontrolle zu bringen, keinen Ärger zulassen dürfen und ein hohes Schuld- und Verantwortungsbewußtsein haben, solche Gedanken als nicht akzeptabel und stark beunruhigend von sich abweisen - Salkovskis (11). Die Person fühlt sich für den Inhalt des Gedanken verantwortlich, reagiert mit Angst und Unruhe, da sie sich für möglichen Schaden verantwortlich fühlt und reagiert mit verdeckter (gedanklicher) Neutralisierung oder offener Neutralisierung (Handlung), z.B. Kontrollieren, ob sie jemanden verletzt hat. Das führt dann kurzfristig zur Spannungsreduktion, steigert aber die Frequenz der aggressiven Impulse und ist für den Pat. letztendlich ein Beweis für deren Bedeutsamkeit - Reinecker (10). Die gefürchtete Konsequenz ist ausgeblieben und es entsteht die Einstellung, daß ohne die Neutralisation dieser Gedanken ein erheblicher Schaden entstehen könne, was im Sinne eines Teufelskreises zu immer größerem Druck des Zwangspatienten führt, durch Zwangsrituale seine Gedanken und Gefühle zu kontrollieren.

2. Sozialisationsbedingungen in der Herkunftsfamilie

a) Isolierungstendenzen

Von den Pat. selbst geschildert wie auch in Studien belegt, lebte oft schon die Herkunftsfamilie isoliert, finden sich bei den Eltern schon verminderte Kontakte zu Außenstehenden, gelegentlich auch eine sehr distanzierte oder zerstrittene Beziehung zueinander - Hafner et al. (2) - Knölker (5). Der spätere Zwangskranke erlebt oft eine unzureichende Integration in Schule und Freundeskreis. Er ist eher der Außenseiter mit sozialen Ängsten und starker Frustration, die bisweilen schon in dieser Zeit in Zwangsverhalten ihren Niederschlag finden - Hand (3), so daß starke Unsicherheit im Bindungsverhalten sowie ausgeprägte Verletzlichkeit die Folge sind.

b) Erziehungsstil

Der elterliche Erziehungsstil wird häufig als eher autoritär und rigide geschildert, weniger emotional und spontan. Bei Betonung von Anpassung und Pflichterfüllung wird auf die Aggression, Abgrenzung und Impulsivität des Kindes oft von seiten der Erziehungspersonen mit harter Strafe reagiert - Sulz (12). Oft bestehen zum einen hohe Leistungsstandards, zum anderen der Versuch, das Kind an die Familie zu binden. Nicht selten findet man eine strenge religiöse Erziehung bei gleichzeitiger Tabuisierung der Sexualität - Knölker (5).
Weiter ist der überprotektive Erziehungsstil häufig anzutreffen. Das bedeutet, daß das Kind keine eigenen Entscheidungen über sich selbst treffen konnte, die Eltern für das Kind die Probleme gelöst haben.
In diesen zwei Erziehungsstilen liegen auch schon die beiden häufigsten Probleme der Angehörigen im Umgang mit dem Zwangspatienten nach Ausbruch der Erkrankung: Entweder der Versuch, autoritär und notfalls per Gewalt auf den Patienten und seine Krankheit einzuwirken (Wasser abstellen, körperliche Bestrafung androhen) oder aber dem Zwangspatienten keine Grenzen setzen können und keine Anforderungen mehr an ihn stellen.

c) *Die Persönlichkeit des Zwangskranken*

Eine Zwangsstörung läßt keinen eindeutigen Schluß auf die Grundpersönlichkeit zu. Es kann ihr ein breites Spektrum an Persönlichkeitstypen zugrunde liegen. Es findet sich aber oftmals vor, meistens nach dem Ausbruch der Störung eine fundamentale Unsicherheit des Patienten. Er kann nicht mehr selbstverantwortlich zu seinen eigenen Bedürfnissen und Gefühlen stehen, speziell Aggression und Sexualität sind oft unterdrückt. Er versucht diese Unsicherheit durch den Zwang zu kompensieren, der dann zum Einsatz kommt, wenn der Betroffene mit neuen Aufgaben konfrontiert wird und Verantwortung übernehmen muß. Der Patient versucht dann, durch perfekte Pflichterfüllung, Leistung und Kontrolle seiner Emotion Schutz und Sicherheit zu erlangen und Angst und Schuldgefühle abzuwehren. Auslöser für die Erkrankung können oft erhebliche Veränderungen der Lebensumstände sein, auf die er mit seiner bisherigen Anpassung nicht mehr reagieren kann wie z.B. Auszug aus dem Elternhaus, wo er letztendlich auch den Schutz der elterlichen Regeln verlassen muß, neue Bindungen eingeht, oft auch Heirat und Zusammenziehen mit dem Partner, speziell wenn wenig Erfahrung im Umgang mit Nähe und Auseinandersetzung in nahen Bindungen gemacht worden sind, weiter z.B. die Verantwortung für ein Kind etc.

II. Behandlung der Zwangserkrankung

Die gerade vorgestellten Fakten führen zu Konsequenzen für die Behandlung der Zwangserkrankung.

1. *Psychische Situation des Zwangspatienten und daraus folgende Problematik für die Therapie*

Der Patient erlebt oft erheblichen sozialen Druck seiner Mitmenschen, eine Therapie zu beginnen, sowie einen starken inneren Leidensdruck. Gleichzeitig steht dem aber meist eine Angst vor Veränderung, Kontrollverlust und durch die oft schon chronifizierte Zwangserkrankung auch wenig Eigenverantwortung und eine unsichere Motivation entgegen - Hauke (4). Das bedeutet für die Therapie eine ausführliche Aufklärung, was von seiten der Therapeuten beabsichtigt wird. Im Vorgespräch für einen stationären Aufenthalt sollten folgende Punkte erörtert werden: Diagnose, Motivation, Bereitschaft zur Gruppenteilnahme, Bereitschaft zum Flooding, Bereitschaft, Angehörige in die Therapie mit einzubeziehen, Frage der Medikation. Der Patient soll eine freiwillige Entscheidung treffen, sein Leben und sein Zwangsverhalten verändern zu wollen. Ohne diese Motivation ist die Wahrscheinlichkeit für eine erfolgreiche Behandlung dieser Störung gering. Außerdem ist es notwendig, enge Angehörige mit einzubeziehen. Zum einen leiden sie manchmal mehr unter der Störung als der Patient selbst, zum anderen ist ihre Kooperation notwendig, was Exposition etc. anbetrifft. Die Zwangserkrankung betrifft oft in erheblichem Maße die Art der Bindung zu den nächsten Bezugspersonen. So kann z. B. über den Zwang eine latent aggressive Kontrolle des sozialen Umfeldes stattfinden. Der Patient zwingt die Angehörigen, sich seinen Ritualen zu unterwerfen oder verlangt nach ständiger Rückversicherung. Weiter kann der Zwang ein Mittel sein, Distanz in Beziehungen zu schaffen, so daß mit den Angehörigen neue Möglichkeiten der Auseinandersetzung bei dem Verzicht auf Zwangsverhalten eingeübt werden müssen. D.h. insgesamt, daß der Patient nur dann die Möglichkeit hat, das Zwangsverhalten langfristig aufzugeben, wenn er gleichzeitig neue Fertigkeiten erlangt, Auseinandersetzungen zu führen, den Umgang mit Nähe auszuprobieren; weitere Möglichkeiten hierfür sind auch Selbstsicherheitstraining und Paartherapie.

2. Exposition mit Reaktionsmanagement

Das bedeutet die Konfrontation mit den vom Patienten gefürchteten Reizen (Gedanken, Situationen, Handlungen), bis eine Habituation eintritt, d.h. die Angst nachläßt und damit einhergehend eine Verhinderung der zwanghaften Reaktion, da nur so eine wirklich neue Erfahrung gemacht werden kann. Voraussetzung für das Expositionstraining ist eine tragfähige Beziehung zwischen Patient und Therapeut, möglichst auch ein Vertrag, der alle wichtigen Zwangsbereiche umfaßt sowie die Aufgabe des Vermeidungsverhaltens, d.h. der Patient muß aktiv mit den sonst zwangsauslösenden Reizen umgehen. In der Exposition steigt üblicherweise die emotionale Erregung des Patienten sehr stark an. Eine Begleitung des Therapeuten ist in diesem Augenblick unerläßlich. Statt der Zwangsangst werden oft andere unterdrückte Gefühle wie Wut, Trauer, Depression erlebt, also genau die Emotionen, die den Anfang der 4er-Kette im Mowrer-Schema bilden und mit Hilfe des Zwanges sonst unterdrückt werden. In diesem Augenblick ist eine erhöhte Selbstexploration möglich, die unbedingt für die Therapie genutzt werden muß - Zaudig (14). In dieser Phase sollte der Patient selbst in seinem Erleben die Zuordnung zu seinen emotionalen Problemen erreichen können und schließlich schrittweise Eigenverantwortung für Expositionsübungen übernehmen.

3. Arbeit an der Emotionalität des Patienten

Für den Patienten sind die kritischen Emotionen vor dem massierten Expositionstraining oft schlecht wahrnehmbar und tolerierbar, da sie durch den Zwang verdrängt sind. Für eine erfolgreiche Therapie ist es daher notwendig, daß diese Emotionen aufgedeckt werden. Eine Möglichkeit dazu ist die Nachstellung der Herkunftsfamilie aus der Sicht des Patienten mittels einer sog. Familienskulptur - Hauke (4). Er kann darin sein eigenes erlerntes Bewältigungsmuster sowie seine Rolle in der Familie erkennen, andererseits ist diese recht massive Intervention oft die erste Möglichkeit für den Patienten, diese kritischen Emotionen zu erleben. In der Phase der Exposition können die vorher oft durch den Zwang abgewehrten Gefühle nochmals erlebt und zugeordnet werden. Zentral für den positiven Verlauf der Therapie ist es nun, ob es dem Patienten gelingt, einen neuen Umgang mit diesen abgewehrten Emotionen, meist Wut oder Trauer, zu finden und sie mit der Zeit immer adäquater und offener in das Verhalten zu integrieren. Dazu sind in der Zwangsgruppe - einer an der Psychosomatischen Klinik etablierten indikationsspezifischen Gruppentherapie - folgende Verfahren üblich - Hauke (4):

Montag	**Dienstag**	**Mittwoch**	**Donnerstag**	**Freitag**
Symptombezogene Verfahren: - Blitzlicht und Wochenplanung - Besprechung der Y-BOCS-Werte und auslösenden Faktoren	Emotional aktivierende Verfahren: - Rollenspiele - Familienskulptur - Problemlösen - Konfrontation	Gruppe ohne Therapeuten	Emotional aktivierende Verfahren: - Rollenspiele - Familienskulptur - Problemlösen - Konfrontation	Symptombezogene Verfahren: - Neuvorstellungen - Tagesprotokolle - Standardübungen - Flooding- u. Erhaltungsverträge

Die Ausprägung des Zwangsverhaltens ist dann ein deutlicher Marker dafür, ob der Pat. neue Möglichkeiten im Umgang mit diesen Gefühlen gefunden hat und das Symptomverhalten damit immer weniger notwendig ist oder aber das Ritual weiter dazu benutzt, seine für ihn nicht akzeptablen Gefühle abzuwehren.
Oft geht der positive Verlauf damit einher, daß er seine Bedürfnisse besser wahrnimmt und ausleben kann, auch eigene Unvollkommenheit zulassen kann und wieder Zutrauen zu seiner eigenen Gefühlswahrnehmung und Einschätzung von Situationen gewinnt.

4. Hinweise für Betroffene und Angehörige

Da der Zwang die Tendenz zur Chronifizierung hat, ist es wichtig, den Patienten zu ermutigen, eine Therapie aufzusuchen und nach der Therapie an einer Selbsthilfegruppe teilzunehmen, um einen Rückfall zu vermeiden. Angehörige selbst sollten deutlich eigene Grenzen zeigen und sich nicht ins Zwangssystem einbinden lassen, da das die Zwangserkrankung verschlimmert, genauso ein „helfen wollen im Zwang", z.B. ständige Rückversicherung, alles für den Betroffenen übernehmen. Wichtig ist es, Anerkennung für Fortschritte des Zwangspatienten auszusprechen und bei Rückfällen nicht tadeln, sondern versuchen, mit dem Betroffenen die emotionalen Ursachen dafür zu besprechen - Münchau (7).

Literatur

1. *deSilva P, Rachman SJ, Seligman MEP (1977) Prepared phobias and obsessions: Therapeutic outcome. Behaviour Research and Therapy 15: 54-77*
2. *Hafner RJ et al. (1981) The treatment of obsessional neurosis in a family setting. Australian and New Zealand Journal of Psychiatry 15: 145-151*
3. *Hand I (1991) Aggression und soziale Defizite bei psychiatrischen Erkrankungen. In W. Pöldinger (Hrsg.), Aggressionen und Autoaggressionen, Hannover: Duphar med script, Bd. 8, S. 27-45*
4. *Hauke W, Ruppert S, Unger H (1998 im Druck) Multimodale stationäre Verhaltenstherapie bei Zwangsstörungen, Teil 2: Die therapeutische Praxis in Zeitschrift für Persönlichkeitsstörungen, Theorie und Therapie, Schattauer Verlag Stuttgart*

5. Knölker U (1992) Zwangssymptome im Kinder- und Jugendalter. In I Hand, WK Goodman und U Evers (Hrsg.), Zwangsstörungen, neue Forschungsergebnisse, Berlin Springer, S. 24-36
6. Mowrer OH (1947) On the dual nature of learning a re-interpretation of „conditioning" and „problem-solving". Harvard Educational Review 17: 102-148
7. Münchau et al. (1995) Aufbau von verhaltenstherapeutisch orientierten Selbsthilfegruppen für Zwangskranke, Leitfaden für Experten, Deutsche Gesellschaft für Zwangserkrankung, Sonderbeilage zum Jahrgangsheft 3: 16-17
8. Rachman S und deSilva Pat. (1978) Abnormal and normal obsessions. Behaviour Research and Therapy 16: 233-248
9. Rachman S, Hodgson RJ (1980) Obsessions and compulsions. Englewood cliffs, New York: Prentice-Hall, p. 167 ff.
10. Reinecker H (1994) Zwänge. Diagnose, Theorien und Behandlung, 2. Aufl., Hans Huber Verlag, Göttingen, S. 46
11. Salkovskis PM (1985) Obsessional-compulsive problems: A cognitive-behavioral analysis. Behaviour Research Therapy 23: 571-583
12. Sulz S (1994) Strategische Kurzzeittherapie, Cip Medien München, S. 209-218
13. Tunner W (1979) Experimentelle Analogien neurotischer Zwangshandlungen. In D Kallinke, R Lutz u. RW Ramsay (Hrsg.): Die Behandlung von Zwängen. München, Urban und Schwarzenberg
14. Zaudig M, Hauke W, Hegerl U (1998) Die Zwangsstörung - Diagnostik und Therapie, Schattauer Verlag Stuttgart, S. 46

Handlungsfreiheit bei Zwangserkrankungen

M. Lasar

Einleitung

Nach wie vor stehen Patienten mit Zwangserkrankungen selten im Mittelpunkt klinischer und wissenschaftlicher Diskussionen. Die Autoren des vorliegenden Bandes versuchen wie dieser Beitrag, einen Gegenpol zum Verkennen oder Vergessen dieser Erkrankung zu bilden.
Patienten mit Zwängen stellen nach jüngeren empirischen Untersuchungen quantitativ eine größere Gruppe dar als früher angenommen. Das DSM-IV (1994) geht von einer 2,5% hohen Lebenszeitprävalenz und einer 1,5-2,1% betragenden Ein-Jahres-Prävalenz bei Zwangskrankheit aus.
Die traditionelle Psychopathologie hat Zwangssymptome (Zwangsgedanken und Zwangshandlungen) stets berücksichtigt, in dem sie diese deskriptiv erfaßte und darstellte. Häufig wurden Zwänge als Sekundärsymptome anderen und schweren psychischen Krankheiten, etwa Schizophrenie und depressive Krankheit, zugeordnet. Eine gewisse psychopathologische Eigenständigkeit erhielten Zwangssymptome lediglich im Bereich der Klassifikationen von Persönlichkeitsstörungen (DSM-IV, 1994; ICD-10, 1991).
Im Gegensatz zur deskriptiven Vorgehensweise der Psychopathologie haben psychoanalytische Autoren stets eine inhaltliche Auseinandersetzung mit den Zwangsphänomenen gesucht und entsprechende Theorien vorgelegt (Quint, 1976). Die Therapie von Zwangssymptomen galt allgemein als schwierig und undankbar.
Seit etwa einem Jahrzehnt konnte bezüglich der Zwangsphänomene ein Erkenntnisgewinn durch naturwissenschaftliche Beiträge erzielt werden. Insbesondere biochemische Forschungsergebnisse oder die neuronale Netzwerk-

theorie haben das Verständnis zur Pathogenese von Zwängen erhöht (Lasar (Hrsg.), 1996; Lesch, 1991).
Trotz ermutigender Schritte in der jüngeren Vergangenheit benötigen die Menschen, die an Zwangssymptomen leiden, das Thema „Zwang“ insgesamt, eine Öffentlichkeit zur Vermeidung und Überwindung der nach wie vor vorhandenen sinnlosen Isolation von Betroffenen und ihren Angehörigen.

Auswege aus der Isolation?

Die klinische Erfahrung lehrt, daß Betroffene ihre Zwangssymptome, das Zwangsdenken und Zwangshandeln, selbst deutlich bemerken. Gespürt und erkannt wird die Sinnlosigkeit und Belastung dieser Phänomene. Subjektiv entsteht Leid durch das Wissen, etwas „Fremdes“ mit sich und in sich zu tragen.
Abgesehen vom entstehenden Leid, führt das subjektive Wissen um die Zwänge zu vielseitigen weiteren Folgen:
- dem Versuch der Verheimlichung,
- dem Versuch der Negierung,
- dem Versuch des Verdrängens,
- dem Versuch der Selbsthilfe,
- der späten Mitteilung an Angehörige, Partner und professionelle Helfer.

Wie bei den Betroffenen auch, entsteht so bei Angehörigen und Helfern das Gefühl, etwas unheimlich Unerhörtes, Seltsames geschieht, für das es keine Sprache gibt. Und Sprachlosigkeit verhindert Erkennen und Verstehen.
Wenn auch, wie erwähnt, naturwissenschaftliche Modelle den Blick und das Verständnis für mögliche biologische Anteile der Zwangskrankheit schärfen, nützt das dem betroffenen Zwangskranken zunächst nicht viel. Erst am Ende eines oftmals langen Weges heraus aus der Isolation und hinein in eine Therapie, die auch auf der rationalen Basis naturwissenschaftlicher Erkenntnisse Medizin einsetzt, kommt das Wissen um den biologischen Kontext zum konkreten Einsatz. Der Mensch als biopsychosoziale Einheit verspürt im Erkrankungsfall subjektiv zunächst nur die psychosozialen Folgen der Zwänge, nämlich die Symptome und ihre Auswirkungen. In diesem Kontext ist die Sprache, das Verständnis, vonnöten.
Dies gilt nicht nur für die Betroffenen, sondern ebenso für Angehörige und Therapeuten.

Sprachlosigkeit und Fremdbestimmung

Vorerst bleibt für Patienten der Ich-fremde Zwang unheimlich und bedrohlich. Gerade die Bedrohlichkeit entsteht durch das Erlebnis von Zwangsgedanken und Zwangshandlungen mit ihrer Eigenschaft, nicht unterlassen werden zu können und beherrschend zu werden. In diesem Punkt ähneln sich Zwangssymptome und schwere phobische Ängste vor ganz alltäglichen Dingen und Situationen, die am Ende beinahe zwanghaft vermieden werden müssen (Lasar, 1994). Die Ich-fremde Beherrschung durch dieses „Etwas" stellt die Frage nach der menschlichen Existenz. Der betroffene Kranke merkt den Verlust seiner ursprünglich vorhandenen Lebens- und Handlungsnormalität. An die Stelle der subjektiven Normalität ist das Fremde getreten. Der Verlust der ehemals vorhandenen Handlungskompetenz Erkrankter wird erneut auch von den Angehörigen und Therapeuten wahrgenommen. Auch für diese Personengruppe entsteht ein Problem.

Die angedeutete Frage nach der menschlichen Existenz stellt sich aus der Patientensicht wie folgt dar:

- Wo ist meine Freiheit geblieben?
- Besitze ich Handlungsspielräume?
- Wer oder was beherrscht mich?
- Wo ist mein Wille geblieben?
- Warum helfen Willensanstrengungen nicht?
- Ich bin vollkommen hilflos!

Geisteswissenschaftlich-philosophische Anleitungen zur Sprachfindung

Die nachfolgenden Ausführungen beziehen sich auf die pragmatische Willenstheorie (pragmatisches Volitionskonzept), die von Gert und Mitarbeitern vorgelegt worden ist (Culver und Gert, 1982; Duggan und Gert, 1967; Gert und Duggan, 1979).

Eine Grundüberlegung dieser Theorie sagt aus, daß ein körperlich und geistig gesunder Mensch die Fähigkeit besitzt, zu wollen (Volitionsfähigkeit). Die Volitionsfähigkeit versetzt Menschen in die Lage, zielorientiert zu handeln. Die Fähigkeit zu wollen unterscheidet den Menschen vom Tier, das instinktgebunden handelt und in diesen Grenzen, auf sein Lebensumfeld bezogen, lernfähig ist. Die menschliche Fähigkeit zu wollen bezieht sich auf alle Handlungsmöglichkeiten, zu denen Menschen in der Lage sein können. Auf dieser, zunächst abstrakten Ebene, nennt man derartige Handlungsmöglichkeiten *„allgemeine Handlungsarten"*. Allgemeine Handlungsarten existieren unabhängig von Zeit, Ort und Person.

Erst eine spezielle Handlung, die durch eine spezielle Person in einer spezifischen Zeitspanne durchgeführt wird, macht eine Handlung *konkret*. Diese konkrete Handlung ist nicht länger allgemein, sondern stellt eine *besondere Tat* dar.

In diesem Kontext lassen sich vier wesentliche Handlungsalternativen darstellen, denen, unabhängig von Gert und Mitarbeitern, Handlungsthesen vorangestellt wurden:

1.) Es gibt viele Gründe zu handeln, also packe ich es an!

„Eine Person besitzt die Fähigkeit daran zu glauben, daß es viele unterschiedliche zwingende Anreize gibt, eine besondere Tat zu tun. Immer, wenn einige dieser zwingenden Anreize gegenwärtig wären, könnte die Person daran glauben, willens zu sein, diese besondere Tat zu tun".

2.) Ich müßte nicht handeln, aber ich tue es!

„Eine Person besitzt die Fähigkeit daran zu glauben, daß es viele verschiedene nicht zwingende Anreize gibt, eine besondere Tat zu tun. Immer, wenn einige dieser nicht zwingenden Anreize gegenwärtig wären, könnte diese Person daran glauben, manchmal willens zu sein, diese besondere Tat zu tun".

3.) Es lohnt sich nicht, es ist sinnlos, also handele ich nicht!

„Eine Person besitzt die Fähigkeit daran zu glauben, daß es viele verschiedene zwingende Anreize gibt, eine besondere Tat nicht zu tun. Immer, wenn einige dieser zwingenden Anreize gegenwärtig wären, könnte die Person daran glauben, manchmal nicht willens zu sein, diese besondere Tat zu tun".

4.) Es gibt tausend Gründe nicht zu handeln. Ich handele nicht.

„Eine Person besitzt die Fähigkeit daran zu glauben, daß es viele verschiedene nicht zwingende Anreize gibt, eine besondere Tat nicht zu tun. Immer, wenn einige dieser nicht zwingenden Anreize gegenwärtig wären, könnte die Person daran glauben, manchmal nicht willens zu sein, diese besondere Tat zu tun".

Volition und Zwang

Wie läßt sich, zunächst aus der Sicht des Gesunden, der Zwang in das Volitionskonzept eingliedern? Der Zwang stellt einen nicht notwendigen, eher üblen und belastenden Anreiz dar, eine besondere Tat, die Zwangshandlung, zu tun:

- immer die Hände waschen,
- immer wieder kontrollieren.

Erst in seiner Pathologie wird der Zwang zu einem zwingenden Anreiz, die spezifische Handlung, die Zwangshandlung, durchzuführen.
Vergleichbares gilt für die Gedankenwelt, die Zwangsgedanken. Schon Jaspers (1973) wies darauf hin, daß Handlungen nicht nur äußerlich erkennbar sein müssen, sondern sich im Sinne einer „inneren Handlung", zunächst also nur gedanklich bleibend, darstellen können.
Der Zwang, unbeeinflußbar beherrschend, teilweise sinnlos wirkende Handlungsfolgen oder Gedankenketten bewirkend, erzielt Volitions***un***fähigkeit. Wahl und Entscheidung, eine Handlung zu tun oder sie zu unterlassen, ist im Falle des Zwangssymptoms nicht mehr möglich. Auch die Wahl zwischen zwingenden und nicht zwingenden Anreizen zur Handlung ist nicht mehr gegeben.
Am Ende stellt sich die Frage, ob Zwangssymptome automatisch zum Verlust der gesamten Individualität durch den Verlust der Volitionsfähigkeit im Kontext der Zwangsphänomene führen? Diese Frage kann eindeutig verneint werden. Nur die besondere Tat des Zwangshandelns und des Zwangsdenkens ist betroffen. Demgegenüber bleibt die allgemeine Fähigkeit zu wollen, somit zielorientierte Handlungen vorzustellen und schließlich durchzuführen, in toto erhalten. Nach wie vor besteht die Möglichkeit, in anderen Lebensbereichen Entscheidungen zu treffen und Handlungen durchzuführen. Patienten mit Zwangssymptomen bleibt Hoffnung. Es besteht kein Grund für eine Selbstentwertung: Nein! Sie haben nicht ihren Verstand verloren!

Empfehlungen

Es wurde gezeigt, daß Menschen mit einer Zwangskrankheit keine willensschwachen Opfer unheimlicher Ereignisse sind. Zwangskranke sind Menschen, die durch ihre Krankheit bedingt eine eingeschränkte Kompetenz in spezifischen Handlungsarten (Zwangshandlungen, Zwangsgedanken) besitzen. Die prinzipielle Fähigkeit zu wollen und in verschiedensten Lebensbereichen handeln zu können, bleibt unberührt. Wenn Sie krank sind, handeln Sie:

- sprechen Sie die Symptome an,
- reden Sie über die Belastungen,
- suchen Sie das Gegenüber,
- nutzen Sie therapeutische Hilfen.

Hilfe aus der Isolation bieten neben der ärztlich verordneten Medikation (z.B. serotonerge Substanzen) Gespräche als Möglichkeit zur Entlastung und Symptom- sowie Krankheitsbewältigung und weiterhin kognitiv orientierte verhaltenstherapeutische Interventionen.

Literatur

1. *Culver CM, Gert B (1982) Philosophy in medicine. Oxford: Oxford university press*
2. *Duggan TJ, Gert B (1967) Voluntary abilities. Am. Philosoph. Quart. IV: 127-135*
3. *Dilling H, Mombour W, Schmidt MH (1991) (Hrsg.) Internationale Klassifikation psychischer Störungen ICD-10. Huber: Bern, Göttingen, Toronto*
4. *DSM-IV (1994) Diagnostical and statistical manual of mental disorders. Washington: American psychiatric association*
5. *Gert B, Duggan TJ (1979) Free will as the ability to will. Nous 13: 197-217*
6. *Jaspers K (1973) Allgemeine Psychopathologie. Springer: Berlin, Heidelberg, New York*
7. *Lasar M (1994) Handlungstheoretische Aspekte bei Phobien und Zwängen. In: Payk, Th. R. (Hrsg.), Angsterkrankungen. Schattauer: Stuttgart, New York*
8. *Lasar M (1996) (Hrsg.) Netzwerktheorie - Möglichkeiten für die psychiatrische Wissenschaft. Pabst: Lengerich, Berlin, Düsseldorf*
9. *Lesch KP (1991) Psychobiologie der Zwangskrankheit. Fortschr. Neurol. Psychiat. 59: 404-412*
10. *Quint H (1976) Über die Zwangsneurose. Göttingen: Vandenhoeck & Ruprecht*

Multimodale kognitiv-verhaltens-therapeutische Behandlung eines Zwangssyndroms – dargestellt anhand einer Kasuistik

F. Kohl

Die Zwangssyndrome und Zwangsstörungen haben seit 2 Jahrzehnten wieder vermehrte forscherische Beachtung gefunden, wobei einerseits die pharmakotherapeutischen Innovationen, aber ebenso auch die kognitiv-behavioralen Ansätze im Zentrum des Interesses standen. Durch kluge Integration dieser beiden Behandungsdimensionen ist es heute weit besser als noch vor 20 Jahren möglich, den Betroffenen wirksame Hilfe anzubieten. Auch haben die klassifikatorischen Diskussionen im Rahmen der Einführung neuer Diagnostik-Systeme seit ca. 1980 die enge nosologische Verwandtschaft der Zwangs- mit den Angststörungen erneut demonstriert. Demgegenüber sind allerdings kasuistische, symptomatologische und andere klinische Aspekte in den letzten Jahrzehnten nicht im gleichen Umfang beachtet worden. Sowohl in der ICD-10 der WHO (5) als auch im DSM-IV der APA (18) werden die Zwangsstörungen unter der übergeordneten Kategorie der "Angststörungen" subsummiert. Damit hat sich eine Betrachtungsweise weltweit etabliert, zu der bereits Autoren der Jahrhundertwende wichtige Vorarbeiten geleistet hatten.
Wir stellen im Rahmen der folgenden Kasuistik wichtige Aspekte der modernen multimodalen Behandlung Zwangskranker vor, wobei sowohl die pharmakotherapeutische als auch kognitiv-behaviorale Behandlungsmodalität zur Anwendung kam. Bei der Auswahl dieser Falldarstellung wurde bewußt darauf verzichtet, nur einen idealtypischen "Paradefall" zu skizzieren, der aufgrund seiner Einfachheit die Effizienz des modernen kognitiv-behavioralen

Behandlungsspektrums anhand einer typischen Therapiekonstellation demonstrieren sollte. Vielmehr wurde eine komplexe und eher schwierige Behandlungssituation ausgewählt, anhand derer neben den sicherlich zentralen kognitiv-behavioralen Einzelmodulen zusätzlich ein übergeordneter biographisch-sozialer Kontext zu bearbeiten war, der auch gewisse Hinweise auf die Funktionalität dieser Störung im Rahmen einer intrapsychischen und psychosozialen Konfliktsituation bot. Zudem stand zu Beginn der Behandlung sehr ernsthaft die Frage im Raum, ob die Therapie sinnvoll und ausreichend effektiv im ambulanten Setting durchgeführt werden könne, oder ob nicht (zunächst) eine stationäre Behandlungsphase unumgänglich sei. Insofern erschien diese Kasuistik auch geeignet, sowohl diese Indikationsaspekte wie pharmakotherapeutische und insbesondere kognitiv-behaviorale Behandlungsstrategien in ihrer Integrationsmöglichkeit und in ihrem multistadiellen Prozeßcharakter zu illustrieren und zu problematisieren. Dabei wurde hier eine etwas breiter als üblich angelegte Darstellungsweise gewählt, um auch dem mit dem Behandlungsalltag weniger Vertrauten einen Einblick in eine konkrete Therapiesituation und die dabei praktizierten Behandlungsschritte, Reflexions- und Entscheidungsebenen zu ermöglichen. Der Text wurde so gehalten, daß er auch für den Nichtfachmann bzw. den interessierten Betroffenen lesbar sein sollte. Dies nicht zuletzt deshalb, weil die Jahrestagung der Deutschen Gesellschaft Zwangserkrankungen, für die er vorbereitet wurde, sich bewußt auch an die breite Öffentlichkeit und insbesondere an die Mitglieder und natürlich die Betroffenen selbst gerichtet hat.

Klinische Situation und Symptomatik bei Behandlungsaufnahme

Der 28jährige Patient kam auf Zuweisung eines internistischen Kollegen in unsere Behandlung, wobei der ärztliche Kollege aufgrund der komplexen Symptomatik gezielt die Notwendigkeit einer modernen kognitiv-behavioralen Behandlung erkannt und die Zuweisung an einen entsprechend schwerpunktmäßig Tätigen vorgenommen hatte. Der Patient hatte sich ca. 2 Wochen zuvor von seinem Studienort ins Haus der Mutter zurückbegeben, weil er sich am Studienort nicht mehr aktions- und lebensfähig fühlte, da die sich rapide entwickelnden Zwänge ihm keine "Luft mehr zum Atmen ließen". Innerhalb von nur etwa 3 Monaten war es nach der Entwicklung einer konflikthaften Beziehungssituation zur Ausbildung eines rasch progredienten Zwangssyndroms gekommen, das zeitweise begleitet war von erheblichen

Angst-, Erschöpfungs- und Depressionszuständen. Vor diesem Hintergrund konnte der Patient seinen Studienverpflichtungen zunehmend weniger nachkommen, so daß eine Fortsetzung des Studiums im bisherigen Kontext kaum möglich schien.
Er mußte sich zuletzt die Nahrungsmittel für jeweils einige Tage von Freunden in die Wohnung bringen lassen, da er sich wegen rasch zunehmender Zwänge außerstande sah, diese eigenständig einzukaufen. Der Tagesablauf war dadurch gekennzeichnet, daß er selbst für alltägliche Besorgungen ein Vielfaches der üblicherweise erforderlichen Zeit benötigte, wobei er an problematischen Verkehrssituationen sowie an Straßenecken oder Gebäudeeingängen stehenblieb und sich oftmals bis zu einer Stunde und mehr weder nennenswert voran- noch zurückbewegen konnte, da er sich immerfort durch Kontrollhandlungen vergewissern mußte, niemanden – insbesondere keine kleinen Kinder oder Radfahrer - geschädigt zu haben. Dadurch verzögerten sich Alltagshandlungen nicht nur über Gebühr, er fühlte sich auch nach einem solcherart gestalteten "Einkaufsgang" derart erschöpft, daß er zumeist eine lange Zeit der Erholung benötigte. Die reale Lebensführung stand dadurch so stark unter dem Diktat des Zwangs, daß der Betroffene Sozialkontakte immer weniger pflegen konnte und sich immer mehr isolieren und auf sich selbst zurückziehen mußte. Auch bei dem Entschluß, ins Haus der Mutter zurückzukehren, schaffte er nur mit großer Mühe allein ein Teilstück der Heimfahrt, nachdem ihn Freunde am Studienort zum Zug begleitet hatten. Auf halber Strecke war ihm seine Mutter entgegengefahren, um ihn abzuholen und nach Hause zu begleiten.

Die aktuelle obsessive Symptomatik

Bei Behandlungsaufnahme berichtete der Patient über einen extrem eingeschränkten räumlichen Aktionsradius. Nur mit 2 Begleitpersonen sei er in der Lage, Spaziergänge in der Umgebung des Hauses oder - unter größten Mühen - kleinere "Ausflüge" in die Stadt oder die ländliche Umgebung zu machen. Dabei habe er ein Ritual ausgebildet, bei dem seine Mutter etwa 3 Meter hinter ihm und zusätzlich eine andere Person an der Straßenseite des Bürgersteigs gehen mußte. Seine "freie" Flanke habe sich auch dann stets an der Mauer, einer Hecke oder am Wegrand befunden. Dieses Ritual sei erforderlich, um sich zu vergewissern, daß von ihm keinerlei schädigende Handlungen ausgehen könnten. Insbesondere befürchte er, etwa "kleine Kinder anzurempeln", die dann hinstürzen könnten, oder er könne einen Radfahrer

anstoßen, der dann hinfallen und danach verletzt oder gar tot sein könnte. Als Schutzpersonen mußten seine Mutter und die weitere Begleitperson seine Rückseite und seine Flanke, die er nicht selbst einsehen könne, "decken", während er selbst damit beschäftigt sei, nach vorne zu sehen und sämtliche möglichen Schädigungen anderer Personen zu vermeiden.
In schlechten Zeiten - häufig mehrere Tage hintereinander - konnte er nicht einmal mit diesen Hilfspersonen das Haus verlassen, weil ihm dies zu viel Angst bereitete. Er mußte dann in der Wohnung bleiben, wobei auch hier oftmals das Fenster geschlossen sein mußte, weil er befürchtete, er könne evtl. einen Stein oder ein anderes Utensil aus dem Fenster werfen. Zeitweise habe ihm schon das spaltweit geöffnete Fenster massive Ängste verursacht, wobei er wiederholt die Mutter gebeten habe, ums Haus zu gehen, um ihm zu versichern, daß kein verletztes Kind draußen liege. Der Gedanke, daß auf diese Art eine Schädigung anderer von ihm ausgehen könnte, sei ihm ständig im Kopf präsent gewesen, und er habe auch beim Einschlafen kaum davon abschalten können. Daher bestanden erhebliche innere Unruhe, Ein- und Durchschlafstörungen, Grübelgedanken und ein breites Spektrum an obsessiven Befürchtungen.
Im psychischen Befund ergaben sich keine Hinweise auf psychotische oder psychosenahe Erlebnisformen, keine präsuizidalen Gedanken oder gar manifeste Suizidalität. Keine Hinweise auf Störungen von Bewußtsein, Orientierung, Wahrnehmung. Stimmungslage häufig ausgeglichen, zeitweilig subdepressiv bis depressiv gedrückt; zeitweilig erhebliche Unruhe und Ängstlichkeit. Gedankliche Fokussierung und streckenweise Fixierung auf die obsessiven Vorstellungsinhalte, die er klar als ich-dyston erkennen und beschreiben kann; fühlt sich diesen gegenüber aber ohnmächtig und hilflos ausgeliefert. Affektiver Rapport gut und anhaltend herstellbar, ausgeprägte Behandlungsmotivation.

Therapeutische Optionen und Entscheidungsalternativen bei Behandlungsbeginn

Neben dieser biographisch-sozialen und der syndromalen Hintergrundskonstellation waren im Rahmen der ersten Sitzungen auch pragmatische und situative Momente zu berücksichtigen. Zum einen bestand ein komplexes und den Patienten sowohl seine Umgebung massiv belastendes Zwangssyndrom, zum anderen kam der Patient im Monat Juli zu den probatorischen Sitzungen, wobei die allgemeine Ferienzeit nahte und der Therapeut in weni-

gen Wochen eine mehrwöchige Praxispause durch die Sommerferien eingeplant hatte. Vor diesem Hintergrund stand zunächst an, im Hinblick auf den baldigen Ferienbeginn eine Entscheidung darüber anzustreben, ob eine ambulante Behandlung möglich und in vertretbarer Zeit realisierbar schien. Aufgrund der Schwere der Symptomatik und der massiven Beeinträchtigung der Lebensführung wäre sicherlich auch eine Indikationsstellung für eine stationäre Behandlung möglich gewesen und sogar in mancherlei Hinsicht (Ferienzeit, möglicher Initialeffekt der stationären Therapie, kompakter Therapiebeginn, ausreichend Zeit für die Einleitung eines Antragsverfahrens) sinnvoll erschienen. Diese Gründe wurden mit dem Patienten in den ersten Stunden ausführlich und differenziert erörtert und ihm die etwaigen Modalitäten einer stationären Behandlung auseinandergesetzt.
Dabei war der Patient sehr wohl in der Lage, die komplexe Indikationsproblematik zwischen ambulanter und stationärer Therapie nachzuvollziehen, die Tragweite der Entscheidung zu übersehen und sich - trotz der Einschränkungen durch das Zwangssyndrom - kognitiv und intellektuell ausreichend unabhängig mit dieser Fragestellung auseinanderzusetzen. Für den Therapeuten war es an dieser Stelle sehr wichtig, den Patienten und sein Umfeld (Mutter) in diese Entscheidung mit einzubeziehen ("informed consent"), wobei insbesondere auch behandlungstechnische Aspekte Berücksichtigung finden sollten. Für den Patienten waren bei der Abwägung folgende Gesichtspunkte mit maßgeblich: Er fühlte sich durch die 3-4monatige rapid fortschreitende Entwicklung des Zwangssyndroms in erster Linie auch psychophysisch erschöpft und zunächst zu keiner weiteren massiven Anstrengung mehr in der Lage. Auch hatte er in den ersten 2-3 Wochen vor Beginn der ambulanten Therapie erfahren, daß ihm nach den Monaten des "Alleinkämpfens" der Aufenthalt im Haus der Mutter durchaus gut tat, sowohl hinsichtlich der alltäglichen Versorgungssituation, als auch insbesondere hinsichtlich der Möglichkeit, sich ständig mit zwei ihm nahestehenden Menschen auseinanderzusetzen, dadurch seine Alltagsprobleme zu besprechen und Unterstützung bei den Alltagsdingen zu erfahren. Zudem hatte er durch den Orts- und Therapeutenwechsel eben erst begonnen, zwei neue Behandler (Internist und Psychotherapeut) kennenzulernen - Beziehungen, die er bald als sehr hilfreich empfand. Vor diesem Gesamthintergrund sah er sich zunächst nicht in der Lage, einen stationären Aufenthalt mit einem absehbar sehr intensiven Expositionsprogramm kräftemäßig zu bewältigen. Er fürchtete, dem zu diesem Zeitpunkt nicht gewachsen zu sein und möglicherweise schon nach der Diagnostikphase ohnehin einen stationären Aufenthalt abzubrechen. Außerdem sei er durch die komplexe eigene Problematik so eingenommen und mit den neuen Kontakt-

möglichkeiten (Mutter/ Großmutter) so beschäftigt, daß er sich kaum tiefergehend werde mit anderen Patienten auseinandersetzen können. Schließlich bleibe immer noch die Option, sich im weiteren Verlauf der ambulanten Behandlung für einen stationären Aufenthalt zu entscheiden.
Diese Überlegungen führten dann - in Verbindung mit ergänzenden indikativen Aspekten seitens des Therapeuten - dazu, daß zunächst zügig versucht wurde, einen ambulanten Behandlungsplan aufzustellen, der es dem Patienten ermöglichen sollte, seine Alltagskompetenz nach und nach auszudehnen, seinen Aktionsradius zu erweitern, Selbstmanagementstrategien für die Angst-, Depressions- und Erschöpfungszustände zu entwickeln und die Zeit der 4-wöchigen Behandlungspause zu "überbrücken", die durch den "Therapeutenurlaub" abzusehen war. Konkrete Behandlungsziele waren zunächst folgende:

Tab. 1: Behandlungsziele der ersten Behandlungsperiode

1. Erarbeitung eines basalen Krankheitsmodells 2. Erläuterung des Therapie-Rationales der kognitiv-behavioralen Behandlungsmodalität 3. Auffindung erster lerngeschichtlicher Hintergrundsfaktoren zum Verständnis der Störungsentwicklung 4. Optimierung der Pharmakotherapie 5. Vermittlung von eigenkompetent durchführbaren Entspannungstechniken 6. Besprechung der ersten Übungsmöglichkeiten nach dem Paradigma der Reizkonfrontation und Reaktionsverhinderung (zunächst mit Begleitperson) bzw. Reaktionsmanagement 7. Analyse der vermutlich bedeutsamen Rolle auch der kognitiven Elemente in der Behandlung des Zwangssyndroms 8. Aufzeigung von weiteren Hilfsmöglichkeiten in möglichen Krisensituationen 9. Festigung der eigenen Behandlungsmotivation

Obwohl für die Erarbeitung all dieser Teilelemente des komplexen Behandlungsplans nur wenige Wochen zur Verfügung standen, gelang es dem Patienten, die wesentlichen der genannten Teilschritte zu vollziehen. Dabei kamen mehrere begünstigende Aspekte hinzu, die einen weiteren Therapiefortschritt auch im ambulanten Setting erwarten ließen, obwohl die Symptomatik

komplex und massiv ausgeprägt war. Zunächst bestand ein guter Bezug zum Internisten, der langjährig behandelnder Hausarzt der Familie gewesen war und die psychagogische Betreuung durchweg mit Umsicht vollzog. Dieser hatte zunächst eine sedierend-anxiolytische Behandlung mit Opipramol (=Insidon®) eingeleitet, die durchaus gewisse sedierende Effekte zeigte, aber zur effektiven Behandlung des Zwangssyndroms nicht ausreichte. Deshalb wurde ergänzend Clomipramin eindosiert und im weiteren in Stufenschritten gesteigert. In diesem Falle wurde mit Clomipramin als dem ältesten serotoninerg wirksamen Pharmakon vom Typ der trizyklischen Antidepressiva begonnen, um ggf. im weiteren Behandlungsverlauf eine Umstellungsoption auf ein moderneres antiobsessiv wirkendes Antidepressivum (z.B. Fluvoxamin =Fevarin®) zu erhalten.
Außerdem befand sich der Patient dadurch in einer günstigen Situation, daß die Mutter zumeist ganztags Zeit hatte, um Übungen mit ihm vorzubereiten, ihn zu begleiten und diese Übungen auch durchzuführen. Es wurde daher auch die Mutter frühzeitig als Cotherapeutin bzw. "Helferin" in das Therapierationale eingeführt und bezüglich ihres weiteren (co-therapeutischen) Verhaltens instruiert. Besonders hervorzuheben war schließlich die überdurchschnittlich gute Einsichtsfähigkeit und Motivation des Patienten, an der Behandlung mitzuwirken. Hierbei spielten zum einen ein recht guter intellektueller und theoretischer Hintergrund, außerdem Erfahrungen aus einer 5 Jahre zuvor erfolgten kurzzeitigen verhaltenstherapeutischen und einer 25-stündigen tiefenpsychologischen Psychotherapie eine Rolle, wodurch eine erhebliche Reflexionsbereitschaft geschaffen war, ebenso wie eine starke Veränderungsmotivation und ein klares Fernziel: Wiederaufnahme des Studiums, ggf. auch an einem anderen Ort.

Die ersten Behandlungsschritte

Nachdem sich Patient und Behandler entschieden hatten, zunächst keine stationäre Behandlung anzustreben, wurden die ersten ambulanten Behandlungsschritte eingeleitet. In Absprache mit dem Internisten, der auch die organisch-medizinischen Kontrolluntersuchungen der Pharmakotherapie durchführte, wurde Clomipramin stufenweise eindosiert. Parallel wurde der Patient angewiesen, die Außenübungen nur noch mit einer anstatt wie bisher mit zwei Hilfspersonen auszuführen, um das Übungssetting zu vereinfachen. Die eine Hilfsperson (Mutter) erschien bis auf weiteres erforderlich, da der Patient stark interessiert war, seinen räumlichen Aktionsradius rasch zu erweitern,

was auf diesem Übungsstadium und in der gegebenen Konstellation bis auf weiteres nur mit Hilfe einer Hilfsperson möglich schien. Es stellte sich nach einigen Wochen heraus, daß der Patient gewisse Teilstrecken durchaus bewältigen konnte, an anderen wiederkehrenden Problemsituationen aber immer wieder "hängenblieb". Solche Situationen wurden zu präzisieren und zu hierarchisieren versucht, um sie dann nach dem Urlaub des Therapeuten systematisch in therapeutenbegleiteter Exposition "trainieren" und stufenweise bewältigen zu können. Parallel lernte der Patient nach kurzer Instruktion, weitgehend eigeninitiativ die Progressive Muskelentspannung durchzuführen und sie regelmäßig vor dem Schlafengehen sowie zusätzlich in spezifischen Belastungssituationen zu praktizieren, so daß er eine gewisse Gewandtheit darin entwickelte.
Als problematische Stellen erwiesen sich bei den ersten Übungsgängen des Patienten zusammen mit der Helferin folgende

Tab. 2:

- das Passieren von Hofeingängen, Garagenausfahrten u.ä., da hier die "Sichtkontrolle" zur Überprüfung, ob er tatsächlich keinen Menschen verletzt hatte, besonders schwierig war.
- das Passieren von Übergängen, Brücken, Überführungen usw. Auch hier war sich der Patient lange nicht sicher, ob er beispielsweise hätte an eine Dose treten können, die dann möglicherweise hinabgefallen wäre, einen Radfahrer zum Ausweichen genötigt und diesen dann zu Fall gebracht hätte.
- Die Bewegung zu Geschäftszeiten in der Innenstadt, da hier immer die Möglichkeit bestand, einen Passanten anzurempeln, ein Kind anzustoßen usw., das dann wieder verschwunden wäre, wodurch ebenfalls keine Kontrolle möglich war.
- Das Bewegen auf Steinplatten, über Straßengräben usw., weil hierbei der etwaige von ihm verursachte Sturz eines Kindes besonders nachteiligen Effekt gehabt hätte.
- Das Passieren von bzw. Bewegen auf Radwegen, weil hier befürchtet wurde, daß er einen Radfahrer "touchieren" oder ihn durch eine ungeschickte Bewegung seinerseits zu Fall bringen könnte.

Das gemeinsame Moment all dieser Situationen war mit dem Patienten zusammen relativ bald zu bestimmen: Immer handelte es sich um die Befürchtung, er könne durch eine Nachlässigkeit, einen Bewegungsfehler oder auch nur durch eine Unachtsamkeit einem anderen Menschen einen Schaden zugefügt haben, den er dann möglicherweise nicht einmal bemerkt habe. Die Kontrollen, die er durchführte oder anfangs von seinen Begleitpersonen erwartete, bezogen sich immer darauf, zu bestätigen, daß keine Person von ihm geschädigt werden konnte bzw. nicht real geschädigt worden war. Er war oft außerstande, die Evidenz diesbezüglich selbst herzustellen, d.h. er war sich unsicher, ob ein "im Augenwinkel" bemerkter Passant nicht doch von ihm hätte berührt werden können und in der Folge davon möglicherweise zu Fall gekommen wäre. Da er sich selbst dabei oftmals nicht sicher war, sollte entweder seine Begleitperson ihn auf mögliche Gefahren aufmerksam machen bzw. ihm versichern, daß nichts passiert war. Oftmals mußte die Begleitperson auch zurückgehen, um zu kontrollieren, ob nicht doch an der absolvierten Strecke eine geschädigte Person liege. Nach manchen Spaziergängen und Außenübungen überfiel den Patienten - auch wenn er bereits 30-90 Minuten zuhause war - doch plötzlich der quälende Gedanke, er könne in dieser oder jener der passierten Situationen einen Radfahrer oder ein Kind unbemerkt geschädigt haben, das möglicherweise jetzt noch hilflos, verletzt oder gar tot da liege. Diese Vorstellung löste in ihm oftmals massive Ängste aus, die er zunächst nur dadurch aushalten konnte, daß er seine Mutter "losschickte", um die jeweilige Gegend nochmals zu "kontrollieren". Hierbei wurde deutlich, daß ein enger Zusammenhang zwischen Selbsunsicherheit, unzureichender sensorischer Evidenz, Kontrollverhalten (compulsions) und sich aufdrängenden Gedanken bestand, die oft so drängend wurden, daß sie ihm eine erhebliche innere Unruhe, Angst und Unbehagen ("discomfort") bereiteten und entsprechende Rituale auslösten.
Nach Aufdosieren des Clomipramins bis zu 150 mg, später 175 mg waren zwar die inneren Unruhezustände etwas weiter gedämpft und die depressiven Momente und Schlafstörungen gebessert, aber die Handlungsrituale (=Kontrollgänge) wurden dadurch erwartungsgemäß nur geringfügig beeinflußt. Für Unruhezustände und Einschlafstörungen hatte der Patient außerdem die Möglichkeit, entweder eine PME-Übung zu machen (was er regelmäßig mindestens einmal täglich befolgte) oder eine Tablette Opipramol 50 mg zusätzlich zu nehmen. Ins Zentrum des therapeutischen Ansatzes rückte aber immer mehr das erwiesenermaßen effektivste Moment der behavioralen Therapie, die Reizkonfrontation und Reaktionsverhinderung. Diese sollte im

folgenden Schritt zunächst mit dem Therapeuten, dann mit seiner Helferin (Mutter) und schließlich im Eigenmanagement eingeübt werden.

Reizkonfrontation und Reaktionsverhinderung/ Reaktionsmanagement

Im Laufe der Entwicklung lerntheoretisch-verhaltenstherapeutisch begründeter Techniken war im Anschluß an J. Wolpe (1958) zunächst das Prinzip der systematischen Desensibilisierung auch für Zwangssyndrome erprobt worden, hatte aber nur wenig befriedigenden Effekt gezeigt. Seit den 1960er Jahren wurde - in erstaunlicher zeitlicher Parallele zur Entdeckung des antiobsessiven Clomipramin-Effekts - die Reizkonfrontation und Reaktionsverhinderung als effektives Behandlungsmoment bei Handlungszwängen erkannt und in den folgenden Jahren auch durch Therapieevaluationsstudien bestätigt. Das Prinzip dieses Verfahrens besteht - wie die Bezeichnung schon sagt - darin, daß der Patient die angstinduzierende bzw. ritualauslösende Situation gezielt aufsucht und versucht, bewußt auf die üblicherweise folgende Reaktion (d.h. die eigentlich compulsive Handlung) zu verzichten. Dadurch wird er kurzfristig in einen erheblichen Angst- und Unruhezustand kommen. Es ist daher erforderlich, dem Patienten das Therapierationale dieses Verfahrens insofern weitestgehend vertraut zu machen, daß das Aushalten der aufkommenden Angst und Unruhe zwar kurzfristig unangenehm sein wird, längerfristig ihn aber in den Stand setzt, ähnlich strukturierte Situationen zukünftig besser und besser zu bewältigen. D.h. anders ausgedrückt, er muß erkennen und akzeptieren, daß die symptomatische compulsive Handlung zwar kurzfristig geeignet ist, Angst und Unruhe zu mindern, längerfristig aber die Störung aufrecht erhält, weil er dadurch (unbemerkt) lernt, daß die Rituale die Angst/ Unruhe zumindest vorübergehend mindern.
Für den hier dargestellten Behandlungsverlauf hieße dies, daß der Patient konkret diejenigen Situationen aufsuchen sollte, die üblicherweise Angst, Besorgnis und konsekutiv Kontrollverhalten auslösten, dabei aber zunächst möglichst auf eine Rückversicherung durch seine Mutter und im weiteren auch auf eigene repetitive Kontrollhandlungen zu verzichten. Die in der problematischen Situation unvermeidlich auftretenden Unruhe- und Angstgefühle mußte er aufkommen lassen, um zu erfahren, daß diese auch ohne Ausführung der erlernten Kontrollhandlungen wieder abklingen, wenn er nur lange genug wartet und den inneren Unruhezustand aushält. Es lag in der Besonderheit dieser Behandlungssituation, daß sich ein mehrschrittiger Übungsver-

lauf anbot, da der Patient gewohnt war, auch schwierige Stituationen mit seiner Begleitung zu meistern. Dabei sollte er im ersten Schritt zunächst den "Abstand" zu seiner Mutter erweitern lernen, die Rückversicherungsrituale vermindern und schließlich versuchen, in den für ihn einfachen Situationen darauf ganz zu verzichten. Dazu wählte er sich zunächst einfache "Übungsstrecken" aus, die er in der Regel fast täglich absolvierte, um zunehmend eigenkompetenter damit zurechtzukommen. Der weitere Übungsablauf erfolgte nach Maßgabe einer Hierarchisierung der angst- bzw. ritualauslösenden "Problemsituationen" durch den Patienten. Nur für schwierigere Übungsstrecken (mit vielen uneinsichtigen Ecken) "trainierte" er regelmäßig zusammen mit seiner Mutter. Die Übungen fanden zunächst nur beim Tageslicht statt, da er die Dämmerung und insbesondere die Dunkelheit als erschwerende Momente empfand. Es wurde darauf hingewirkt, daß die "Übungszeiten" zumindest 1-2 Stunden betrugen, um ausreichend Zeit zur Habituation der Angstreaktion zu lassen.
Es wurde entsprechend der Hierarchisierung ein gestuftes Übungsprogramm erarbeitet, wobei der Patient nach und nach lernte, immer längere Strecken und immer kompliziertere Situationen anzugehen und auf die Unterstützung seiner Mutter zunehmend häufiger zu verzichten bzw. Teilstrecken alleine zu üben. Im Regelfall wurde jeder grundsätzlich neue Schritt (z.B. Verzicht auf Rückversicherung, komplexere Reizkonstellation, alleiniges Durchführen) zunächst zusammen mit dem Therapeuten "eingeübt", um ihn dann vom Patienten und seiner Mutter in einer Anzahl weiterer Übungen zu festigen. Anschließend Überführung ins "Eigenmanagement". Obwohl nach der Verhaltensanalyse relativ bald deutlich war, daß es eine enge Verbindung zwischen Zwangshandlungen und Zwangsgedanken gab, wurde zunächst ein großer Wert auf den Wiedergewinn der Handlungskompetenz und des Aktionsradius gelegt, um später gezielt in einem zweiten Behandlungsschritt auch kognitive Restrukturierungs- und Expositionsverfahren hinnehmen zu können. Dies deshalb, um dem Patienten eine ausreichende Evidenz zu ermöglichen, daß es in therapeutischer Hinsicht Sinn macht, die Kontrollhandlungen zu unterlassen, und daß ihm dies die Möglichkeit gibt, mittel- und längerfristig handlungskompetenter zu werden. Außerdem war es sein starker Wunsch, möglichst bald schon wieder auch Teilstrecken alleine bewältigen zu können, so daß diesbezüglich eine große Motivationsreserve gegeben war, während diese bezüglich der neutralisierenden Gedanken zunächst nicht im gleichen Umfang gegeben war.
Der Patient erlernte es, z.B. um einen Häuserblock zunächst eine Quarree-Seite, dann zwei, schließlich drei und vier ohne seine Mutter zu gehen und im

weiteren diese oder den Therapeuten nur noch bei schwierigen Schritten hinzuzuziehen. Eine weitere Erschwernis bedeutete es, längere Übungsstrekken (bis an die Ermüdungsgrenze) zu erproben, da erfahrungsgemäß bei Ermüdung das compulsive Phänomen häufiger bzw. leichter wieder auftrat. Gleiches galt für Übungen im unbekannten Gelände, in der Dämmerung und schließlich in der Dunkelheit. Nach 3 Monaten Therapie hatte er einen Übungsstand erreicht, der es ihm ermöglichte, auch ihm unbekannte Orte zu besuchen und eine - einmal sogar eine mehrstündige - Zugfahrt zumindest in Begleitung seiner Mutter zu absolvieren. Letzteres war ihm von besonderer subjektiver Wichtigkeit, da mehrmals familiäre Verpflichtungen (z.B. als Trauzeuge) anstanden, denen er nachkommen wollte, um längerfristige Zusagen einzuhalten.

Die Bedeutung des Helfers

An mehreren Stellen dieser Kasuistik wurde bereits darauf hingewiesen, daß ein Helfer (in diesem Falle: eine Helferin, nämlich seine Mutter) von Anfang an in den Behandlungsplan und auch in die Indikationsstellung für ein vorzugsweise ambulantes Vorgehen einbezogen wurde. Es gehörte zu den Besonderheiten dieser Behandlungssituation, daß die Helferin bereits zu Behandlungsbeginn und - soweit absehbar - auch für die gesamte Behandlungszeit würde zur Verfügung stehen können. Durch günstige Umstände konnte sich die Helferin täglich mehrere Stunden lang der Vorbereitung, Begleitung und Nachbesprechung der anstehenden Expositionsübungen des Patienten widmen. In der Literatur (z.B. Baer) wird häufig auf die große Bedeutung hingewiesen, die dem Helfer/ der Helferin für die Behandlungseffektivität bei Zwangsstörungen zukommen kann. Viele sehen im Vorhandensein eines geeigneten und motivierten Helfers einen der wichtigsten Erfolgsprädiktoren in der kognitiv-behavioralen Verhaltenstherapie Zwangskranker.
In unserem Falle wurde der Helferin zunächst - im Beisein des Patienten - mehrmals ausführlich das Krankheitsbild und das Behandlungsrationale der eingeschlagenen Therapie erläutert. Sie zeigte sich dabei sehr einfühlsam, einsichtig und kooperationsbereit. Auch informierte sie sich ergänzend aus Angehörigenbroschüren und einzelnen Übersichtsaufsätzen über die modernen verhaltenstherapeutischen Behandlungskonzepte Zwangskranker. Mehrmals wöchentlich - oftmals fast täglich - führte sie in enger Absprache mit dem Patienten die jeweils ausgemachten Übungsschritte durch. Während anfangs ihre Unterstützung für den Patienten fast kontinuierlich erforderlich

war, reduzierte sich dieser Bedarf zunehmend weiter und bestand schließlich nur noch in der Unterstützung in definierten Streß- und Belastungssituationen. Relativ bald wurde auch dem Patienten und seiner Helferin die mögliche Begrenzung dieser Behandlungskonstellation thematisiert. So vorteilhaft nämlich die äußeren Umstände (ausreichendes Zeitkontingent der Helferin, Einsicht und Motivation) waren, so bot diese Übungskonstellation (Mutter und Sohn) doch auch einige potentiell problematische Aspekte. So zeigte die Helferin (Mutter) außerhalb der Übungssituationen wiederholt eine große Sorge dahingehend, ob eine effektive Behandlung auf längere Sicht überhaupt möglich sei und ob nicht immer wieder die Gefahr von "Rückfällen" bestehe. Vor diesem Hintergrund bestand auch für einzelne Übungsschritte die "Gefahr", daß die Helferin zu sorgenvoll mit den jeweiligen Übungsschritten umging; dies führte in der Konsequenz mitunter dazu, daß sie sich vorschnell auf Wünsche des Patienten nach "Rückversicherung" bzw. Bestätigung einließ, um dem ansonsten zu erwartenden Angst-, Unruhe- und Erschöpfungszustand des Patienten vorschnell "abzuhelfen". Ihre Fürsorglichkeit führte mitunter auch dazu, ihren Sohn vor zu großen Belastungen "schonen" oder ihm diese "erleichtern" oder "abnehmen" zu wollen.

In wiederholten Gesprächen mit der Helferin und dem Patienten wurde die Patient-Helfer-Interaktion analysiert und dysfunktionale Momente daraus thematisiert. Aufgrund der guten Einsichtsfähigkeit und der Veränderungsmotivation beider Beteiligter gelang es jeweils in wenigen Gesprächen, die Interferenz von Übungsrationale und Hintergrundsfaktoren zu besprechen und ein adäquates, dem jeweiligen Übungsstandard angepaßtes Verhalten der Helferin zu erreichen. Es wurde dabei auch deutlich, daß die durch die Zwangssymptomatik eingetretene Konstellation (Rückkehr ins Haus der Mutter) für den Patienten implizit auch einen "Rückschritt" in eine frühere biographische Situation (fast ließe sich von einer Re-Infantilisierung sprechen) bedeutete. So beunruhigend dieser Gedanke zeitweise für den Patienten war, so bot er im weiteren durchaus vielfältige Ansätze für produktive Thematisierungen von weitergehenden emotionalen Autonomiewünschen des Patienten. Die Helferin lernte es, die übergeordneten Therapieerfordernisse - die eine gezielte und längerdauernde Reizkonfrontation mit Reaktionsverhinderung erforderten - voll inhaltlich zu akzeptieren und ihre "mütterlichen Fürsorgeeinstellungen" weitgehend zu reflektieren, danach zu reduzieren und im Übungskontext aufzugeben.

Die üblicherweise in der Literatur häufiger besprochenen "Helferprobleme" wie Ungeduld, Durchhalteappelle an den Patienten, Enttäuschtsein bei Nichterfolg usw. traten vor diesem Hintergrund und angesichts der wiederholten therapeutischen Einbeziehung der Helferin fast nicht in Erscheinung. Vielmehr wurden die gemeinsam durchgeführten Übungen infolge der dadurch unvermeidlichen "therapeutischen Sozialisation" von Patient und Helferin zugleich zum Gefühl einer gemeinsam bewältigten Aufgabe und zur Basis eines neuen, intensivierten Kontakts auf Erwachsenenebene zwischen dem Patienten und seiner Mutter (zugleich ein Moment der "kognitiven Restrukturierung" . Damit konnten durchaus auch allgemeine interaktionelle Probleme (Respektierung der Wünsche des anderen, Verbesserung des Einfühlungsvermögens, Diskussion kontroverser Ziele) erarbeitet und auf einem adulten Niveau stabilisiert werden. In der stufenweise Abfolge der Übungsschritte war notwendigerweise auch implizit eine Autonomisierung des Patienten enthalten, da er zunehmend mehr Verantwortung für eigene Übungsschritte übernehmen, auf Rückversicherungen bei der Helferin verzichten und eigenverantwortlich entscheiden mußte. Die gegebene Übungssituation machte es für den Patienten dabei rasch evident, daß die von ihm zunächst versuchten "Bewältigungsstrategien" - wie Selbstkontrollen und Nutzung von Hilfspersonen zu Kontrollgängen, Zurückschicken dieser Hilfspersonen an den Ort von phantasierten Risiken oder Gefahren - völlig dysfunktional und inadäquat sind und er dringlich versuchen mußte, auf diese Art von "Rückversicherungen" zu verzichten.

Die Berücksichtigung der Zielhierarchie des Patienten

Bei der alleinigen diagnostisch-syndromatologischen Betrachtung stand natürlich das Zwangssyndrom mit seinen Compulsionen und Obsessionen ganz im Vordergrund. Die ungewöhnlich rasche Ausbildung des Zwangssyndroms innerhalb von nur 3 Monaten im Kontext einer für ihn problematischen Beziehungssituation, die Unterbrechung des Studiums, eine Vielzahl familiärer Auswirkungen der Krankheit erforderten aber deren zusätzliche Berücksichtigung bei der Aufstellung der mittel- und langfristigen Ziele. Dieser Aspekt war bereits auch bei der Differentialindikation für eine ambulante Behandlung berücksichtigt worden. So sehr aus therapie-methodischen Gründen die Vermittlung des Therapie-Rationales, die Realisierung entsprechender Behandlungsstandards und die sorgfältige Ausführung z.B. von Reizkonfrontation und Reaktionsverhinderung erforderlich war, so schien es im Hinblick auf die biographisch-soziale Situation doch ebenso geboten, die mittel- und längerfristigen Behandlungsziele des Patienten zu berücksichtigen und womöglich in die Behandlung miteinzubeziehen. Hierfür sprachen nicht nur die ethischen

Behandlungsstandards, sondern insbesondere auch die Erhaltung und weitere Förderung der eigenmotivationalen Anteile des Patienten. Es bestand eine starke Evidenz, daß motivationale Reserven beim Patienten um so weiter wachsen würden, je stärker er sich auch subjektiv mit den Behandlungszielen identifizieren könnte.
Als *wichtigste Behandlungsziele des Patienten* wurden festgehalten:

Tab. 3:

- Wiedererlangung der Alltagskompetenz (bezügl. Einkaufen/ Spazierengehen/ Kinobesuch usw.)
- Möglichst weitgehende Überwindung der Zwangssymptomatik (Compulsionen und Obsessionen)
- Erwerb interaktioneller Lösungskompetenz, für frühere und aktuelle Familien- und Beziehungskonflikte
- Wiederaufnahme des Studiums bzw. Fortsetzung an einem anderen Ort
- Verbesserung seiner allgemeinen sozialen und interaktionellen Kompetenzen (z.B. Artikulation eigener Wünsche, Zulassen von sozial "negativ" bewerteten Gefühlen wie Aggression, Abgrenzung, Neid usw.).

Es wurde dabei versucht, im Gesamtbehandlungsplan diese Aspekte soweit zu integrieren, wie es bei Aufrechterhaltung des methodenspezifischen Vorgehens möglich schien. Über die Einbeziehung der Mutter als Helferin und Thematisierung entsprechender interaktioneller Probleme wurde oben bereits berichtet. In ähnlicher Weise wurden mit dem Patienten andere Möglichkeiten thematisiert, die eigene Sozialkompetenz in familiären und Beziehungskonstellationen zu erweitern, erforderlich scheinende Abgrenzungsschritte einzuleiten, Vorbereitungen für eine Wiederaufnahme und Fortführung der autonomen Lebensführung zu treffen, seinen früher eingegangenen Verantwortungen und Zusagen nachzukommen und seine Konfliktkompetenz dahingehend zu erweitern, daß er sich z.B. auch "aggressive Gefühle" zugestehen und diese artikulieren und zeigen konnte. Der Patient zeigte sich offen für eine interaktionelle bzw. insofern konfliktzentrierte Betrachtungsweise, als die Hauptthematik seiner Obsessionen und Compulsionen (Befürchtung einer Schädigung anderer) durchaus Hinweise auf Perfektionismus, Sicherheitsdenken, Rigidität und Aggressionshemmungen und diesbezüglich eine retardierte emotionale Autonomieentwicklung ergaben. Er lernte es, parallel zu den ko-

gnitiv-behavioralen Übungsschritten auch seine interpersonellen Interaktionsmuster zu reflektieren und in einigen Konfliktpunkten mit nahen Anverwandten eigene Emotionen und Bedürfnisse in deutlich klarerer Weise zu artikulieren, als dies vor der jetzigen Behandlungsepisode möglich gewesen war.
Es war dem Patienten auch ein besonderes Anliegen, langfristig eingegangene familiäre Verpflichtungen (hier z.B.: als Trauzeuge) wahrzunehmen, Familien- und sonstige überregionale Sozialkontakte zu pflegen. Dies erforderte mehrfach auch überregionale Reisen, die im therapeutischen Kontext mit jeweiligen Übungs- und Belastungsaufgaben kombiniert werden konnten. Gleiches galt für die Klärung der Wohn- und Studienverhältnisse am bisherigen Studienort, die Vorbereitung des vorgesehenen Umzugs und die Klärung von Beziehungskonflikten im früheren sozialen Umfeld. Insgesamt gelang es, durch Einbeziehung dieser "Umfeldfaktoren" die Behandlungsmotivation des Patienten sowohl für die Reizkonfrontation wie auch später für die kognitiven Konfrontationsübungen zu erhalten und zu stärken.

Aspekte der kognitiven Restrukturierung bei der Behandlung von Zwangsgedanken

Auf diesem Behandlungsstand wurde versucht, mit dem Patienten auch kognitiv-analysierend und auf dieser Basis insbesondere kognitiv-restrukturierend zu arbeiten. Voraussetzung dafür war, daß sich der Patient den Unterschied von gedanklicher Neutralisierung (bzw. obsessiven "Neutralisierungsgedanken") einerseits und gedanklicher Konfrontation mit angst- bzw. ritualauslösenden Gedanken andererseits völlig klarmachte. Die große Bedeutung von obsessiven Gedanken in der Behandlung Zwangskranker allgemein und auch in der Behandlung dieses individuellen Patienten war ihm relativ leicht zu vermitteln; trat doch bei ihm das Bedürfnis, Kontrollhandlungen durchzuführen, nicht nur bei konkreter Reizexposition auf, sondern ebenfalls im Anschluß daran, wenn er sich etwa (bis zu 2-3 Stunden nach der Exposition) zu vergewissern versuchte, daß er tatsächlich keinen Menschen verletzt habe. Vor Therapiebeginn hatte er in solchen Situationen wiederholt bei seiner Mutter Bestätigung gesucht, daß niemandem etwas passiert sei oder aber er hatte selbst versucht, die fragliche Stelle noch einmal aufzusuchen bzw. seine Mutter (=Helferin) "dorthin geschickt", um dies für ihn zu erledigen. Jeweils war es ein Gedanke oder eine Erinnerung an eine möglicherweise prekäre Situation gewesen, die am Anfang der Beunruhigung ("discomfort") stand und fast imperativ das Bedürfnis nach Kontrollhandlungen auslöste.

Auch bestand bei dem Patienten ein ganzes System von neutralisierenden Gedanken, auf die er z.T. auch vor Therapiebeginn von seiner Umgebung – als gut gemeinter Therapieversuch – hingewiesen worden war. Wenn der Patient z.B. die dranghafte Befürchtung hegte, es sei vor 2 Stunden von ihm ein Kind angerempelt oder ein Fahrradfahrer zu Fall gebracht worden, so versuchte er den auftretenden Impuls zur Kontrollhandlung dadurch zu neutralisieren, daß er sich vor Augen führte, in den verstrichenen 2 Stunden sei die Situation längst verändert und ein etwaiger von ihm verursachter Unfall habe längst zur Aufnahme des Betroffenen in die Klinik geführt. Schon von daher mache es keinen Sinn, nach 2 Stunden Zeitabstand eine Kontrollhandlung einzuleiten, da deren negatives Ergebnis von vornherein feststehe. Den weiterführenden Gedanken, sämtliche Kliniken der Umgebung anzurufen bzw. die Polizeistationen, ob ein Vorfall dieser Art sich ereignet habe, konnte der Patient in aller Regel als absurd erkennen und setzte ihn niemals tatsächlich um, um seine diesbezüglichen Gedanken zu beruhigen. Er verblieb allerdings in solchen Konstellationen in einem – oft stundenlangen – Unruhezustand, so daß er diesbezüglich über keine wirklich effektiven Strategien verfügte, um Zwangsgedanken dieser Art wirklich zu bewältigen. Ihm wurde zunehmend bewußt, daß die von ihm partiell entwickelten neutralisierenden Gedanken unzureichend waren; dies schuf eine gewisse Bereitschaft, sich auch auf kognitiver Ebene mit seinen Befürchtungen zu konfrontieren.
An dieser Stelle erschien es indiziert und auch vom Behandlungsverlauf her plausibel, mit dem Patienten die Funktionalität seiner Zwangsgedanken, deren mutmaßliche lerngeschichtliche Entstehung und deren Zusammenhang mit persönlichkeitsstrukturellen und sonstigen individuell-biographischen Momenten zu thematisieren. Als theoretische Grundlage hierfür wurde auf die Standardtechniken der kognitiven Restrukturierung, die kognitiven Therapieansätze von A. Beck (2) sowie insbesondere die kognitiv-behaviorale Theorie von P. Salkovskis (17) und andere ähnliche Konzepte Bezug genommen. Es wurde versucht, zusammen mit dem Patienten Modellvorstellungen zu entwickeln, die die Entstehung der Symptomatik bei ihm verständlich machen könnten – also es zumindest plausibel machen könnten, warum es zur Entwicklung solcher Vorstellungen im Rahmen der Lerngeschichte bei ihm gekommen ist, auch wenn diese Einzelschritte kaum im Einzelfall konkret erinnert oder auch nur rekonstruiert werden könnten. Dennoch könnten hier Modelle hilfreich sein, um die scheinbare Absurdität seines Handelns und Verhaltens unter alltagslogischen Gesichtspunkten zumindest ein Stück weit plausibler zu machen.

Es war relativ einfach, im ersten Schritt mit dem Patienten zu thematisieren, daß er im Laufe der individuellen Lerngeschichte eine Charakterausprägung entwickelt hat, bei welcher folgende Elemente im Vordergrund stehen oder zumindest einen überproportional wichtigen Stellenwert einnehmen:

Tab. 4:

- Hoher persönlicher Standard an Korrektheit, Zuverlässigkeit und Moralität in zwischenmenschlichen Beziehungen
- "Ordentlichkeit" im Umgang mit Materialien, persönlichen Gegenständen, insbesondere "Leihgaben" anderer
- Bedürfnis, eigene Verpflichtungen korrekt und zuverlässig zu erfüllen, persönliche "Verläßlichkeit"
- Ausgeprägtes Bedürfnis, anderen Personen nicht zu schaden und seinen Anteil an der Verantwortung für die beiderseitige Beziehung zu übernehmen
- Hohe Achtsamkeit für die Bedürfnisse anderer, Bereitschaft zur Zurückstellung eigener Bedürfnisse im Konfliktfall
- Zurückhalten eigener Äußerungen von Unmut, Nichtgefallen, persönlicher Ablehnung oder gar negativen Emotionen wie Aggressivität, Rivalität, Neid usw.

Insgesamt wurde dieser "Charakterkomplex" bzw. diese offenkundig lerngeschichtlich-biographisch erworbene Charakterakzentuierung oder Persönlichkeitsstruktur als "Hypermoral" bezeichnet - ein Begriff, der dem Patienten sehr zusagte und geeignet erschien, nach subjektivem Erleben seine Persönlichkeitsprägung einerseits sowie auch Verhaltensdefizite in der Vergangenheit zu repräsentieren. Der Faktor "Hypermoralität" sollte zunächst als entstehungsgeschichtlich bedeutsames Element, im weiteren aber auch als möglicher Therapieansatz zum Tragen kommen. Auf die individuell-biograpischen Entstehungsmomente und Ursachenfaktoren dieser "Hypermoralität" soll in der folgenden Darstellung dabei nicht ausführlich eingegangen werden, da für unsere therapeutische Vorgehensweise zur kognitiven Restrukturierung vorwiegend der Ist-Zustand "Hypermoralität" von Bedeutung war und zur Begründung des gewählten therapeutischen Vorgehens völlig ausreicht.

Modellvorstellungen zur Entstehung von Zwangsgedanken und Ritualen

Unter Bezugnahme auf Entstehungsmodelle von Zwangsgedanken, die insbesondere von Salkovskis (17) entwickelt und von ihm und anderen therapeutisch elaboriert und evaluiert worden sind, wurden mit dem Patienten folgende Überlegungen angestellt bzw. ihm das folgende Rationale für das geplante Vorgehen erläutert: Als Hintergrunds- bzw. Bedingungsfaktor ist die beschriebene und beim Patienten offenkundige Tendenz zur Hypermoral, seine Sorgfalt, Ordentlichkeit, seine starke gedankliche und theoretische Beschäftigung mit Alltagsfragen (bis zum "Grübelzwang") und sein Bedürfnis nach grundsätzlicher Klärung, seine intellektuelle Neugier und sein Perfektionismus von erheblicher Bedeutung. Zum eigentlichen Problem bzw. zum obsessiven Symptom aber wird dies alles erst, wenn andere Faktoren hinzukommen: Jeder Mensch erlebt subjektiv einen ununterbrochenen Strom von Bewußtseinsinhalten, worunter Gedanken, innere Bilder, "Kognitionen", Befürchtungen, kreative Ideen, Erinnerungen, Phantasien und ähnliches zu verstehen ist. Unter diesen Phantasien und Ideen sind auch solche, die gefährliche, schreckliche, unangenehme usw. Inhalte betreffen. Weniger sorgfältige Menschen können solche Gedanken aufkommen lassen und ohne Mühe wieder vergessen, die Sorgfältigen und Perfektionisten aber müssen sie sorgfältig prüfen, hin und her überlegen, auf ihre möglichen Folgen "durchdenken" und - wenn ihre Sorgfalt und ihre Hypermoral hinzukommt - eventuelle "Gegenstrategien" entwerfen, damit die möglichen Gefahren nicht eintreten können. Die perfektiven Individuen machen damit eigentlich nichts anderes, als was sie mit anderen Gedanken und Ideen weitgehend unbemerkt machen würden, nur geraten sie umgekehrt in eine strukturspezifische Falle, die sich innerhalb von Monaten oder Jahren zum obsessiven Syndrom "auswachsen" kann.

Wenn nämlich ein perfektiv-hypermoralisches Individuum unter seinen spontan auftretenden Gedanken, Ideen oder Kognitionen eine bemerkt, die sie irritiert oder mit seinen hohen Idealen kollidiert, so entsteht damit eine spezifische Art kognitiver Probleme, die zum weiteren Nachgrübeln und Überprüfen Anlaß geben. An dieser Stelle ist der Hinweis des Therapeuten wichtig, daß es sich beim "irritierenden Gedanken" (also hier z.B.: "Ich könnte ein Kind umstoßen") um keinen inhaltlich krankhaften Gedanken an sich handelt, sondern um einen Bestandteil des "normalen" Ideen- und Gedankenstroms, oder - in der Standardnomenklatur der kognitiv-behavioralen Verhaltenstherapie (14) - um einen "Bestandteil des normalen Gedankenablaufs". Anders ausgedrückt: Ideen dieser Art können jedem Menschen zu jeder Zeit kommen und

werden auch in aller Regel wieder vergehen oder vorbeiziehen, sind also ohne besondere Bedeutung. Die für den obsessiven Patienten dann doch aufkommende besondere Bedeutung entsteht nicht durch den "schrecklichen Gedanken" an sich, sondern durch die vom Individuum vorgenommene Bedeutungszuschreibung und Bewertung, die solche Gedanken zu wiederkehrend "aufdringlichen Gedanken" werden lassen (14).
In unserem Falle könnte dies so abgelaufen sein: Der Patient bemerkte erstmals in einer entsprechenden Verkehrssituation den Gedanken: "Ich könnte ein Kind überrempeln bzw. es bereits überrempelt haben". Dazu könnte eine völlig alltägliche Verkehrssituation Anlaß gegeben haben. Hinzu kommt nun aber die subjektive Bewertung des Individuums: "Dieser Gedanke ist schrecklich, bzw. seine Konsequenzen wären fürchterlich". Dadurch entsteht eine Art "erstes Junktim" zwischen dem normalen Gedankenablauf und der subjektiven Bewertung: Der Effekt wäre bzw. ist, daß dieses "erste Junktim" für den Betroffenen zum Gefühl von Beunruhigung, Erregung und Unbehagen führt: Dies nicht zuletzt auch deshalb, weil die Konsequenz – daß "ein Kind angerempelt wurde" - mit den höheren Selbstwertkognitionen und der "Moral" des perfektiven Individuums in Widerspruch steht. Hier ergeben sich auch Ansatzpunkte für den kognitiv-rekonstruktiven Behandlungsansatz. Er versucht, die Einstellungsmuster des Individuums zu erfassen, diese zu relativieren und Alternativgedanken zu entwickeln und zuzulassen. Er versucht weiterhin, die obsessiven Befürchtungen als nur eine Form der möglichen Reaktion herauszustellen und dem Individuum alternative Einstellungsmuster zu ermöglichen. Unter Umständen kommen ergänzend auch Verhaltens- und Handlungsexperimente in Betracht, um die fatale Gedanken- und Handlungskette bereits an dieser Stelle zu unterbrechen und sie gar nicht erst zu eigentlichen Zwangsgedanken und -handlungen auswachsen zu lassen.

Angewandte Elemente der kognitiven Rekonstruktion und einfache Verhaltensexperimente

Vergegenwärtigung des Alltagsstandards: Kommen wir auf unsere Kasuistik zurück. Der Patient hatte zu Behandlungsbeginn den Zwang entwickelt, z.B. jedwede Toreinfahrt zu beachten, mehrfach hinzusehen, ob da jemand herauskommen konnte und ob beim Verlassen der Situation niemand zu Schaden gekommen war. Dadurch benötigte er sehr lange Zeit, um an einer problematischen Stelle "vorbeizukommen". Er hatte darüber weitgehend das Bewußtsein verloren, wie lange man üblicherweise braucht, d.h wie lange ein nicht zwanghafter Mensch im Alltagsverhalten benötigt, um an solchen Stellen "vorbeizukommen". Er fragte deshalb Menschen seiner Umgebung und seinen Therapeuten, wie lange sie für solche Verhaltensweisen benötigen: Das Resultat war: Jeweils Bruchteile von Sekunden, die ausreichten, um sich zu vergewissern, daß niemand kommt bzw. nichts passiert war. Der Patient erlebte dies als sehr ernüchternd und erkannte, daß er sich von "normalen" Alltagserfahrungen bereits sehr weit entfernt hatte und es für "normal" anzusehen begonnen hatte, mehrere Minuten mit den Kontrollen und Vergewisserungen zu verbringen. Die Wiedervergegenwärtigung des Alltagsstandards kann insofern als ein Moment der kognitiven Rekonstruktion aufgefaßt werden.

"Der Gedanke ist nicht die Tat: Viele Zwangspatienten sind von ihren Grübelgedanken und zwanghaften Befürchtungen derart bestimmt, daß sie sich nicht nur in ihren Phantasien stark davon leiten lassen, sondern auch den Unterschied zwischen Phantasie bzw. Gedanke und Tat, also der vollendeten Handlung, nicht mehr richtig trennen können. Die Tatsache der andauernden Beschäftigung mit den zwanghaften Gedankeninhalten und Grübeleien wird für sie derart bewußtseinsbestimmend, daß sie sich oftmals gar nicht mehr richtig klar machen, daß es sich ja letztlich dabei "nur" um Gedanken handelt; noch dazu um Gedanken, wie sie jeder Mensch hat oder zumindest in dieser oder einer ähnlichen Form haben kann. Der alte Grundsatz der Aufklärung: "Die Gedanken sind frei" ist vielen Patienten keineswegs eine Selbstverständlichkeit, sie identifizieren vielmehr die Tatsache ihrer gedanklichen Grübeleien schon fast damit, die Inhalte ihrer Gedanken bereits in die Tat umgesetzt zu haben. Das Bewußtsein über den virtuellen bzw. imaginären Charakter ihrer Grübeleien geht ihnen darüber weitgehend verloren bzw. kann ihnen weitgehend verlorengehen. Daher kann auch die Erinnerung: "Der Gedanke ist nicht die Tat" in Einzelfällen sehr entlastend wirken. Für unseren Beispielfall hieße dies, daß der bloße Gedanke an einen eventuellen Fehler oder auch nur eine Nachlässigkeit im Straßenverkehr nicht schon solche Unruhe erzeugen müßte. Konkret: Wenn unser Patient daran denkt, daß er einen Fahrradfahrer "umgerempelt" haben könnte, so ist dies noch keinesfalls gleichbedeutend mit der Tatsache, einen Radfahrer wirklich geschädigt zu haben. Es wurde unserem Patienten im Laufe der Behandlung zunehmend klar, daß er die bis dahin "beunruhigenden" Gedanken ertragen lernen müsse.

Prozentualisierung und Wahrscheinlichkeitsquantifizierung. Von dem letztgenannten Gesichtspunkt ausgehend, kann der Patient - nach Art der Spaltentechnik im Sinne von A. Beck - angehalten werden, Wahrscheinlichkeitsabschätzungen für Realitätsgehalt bzw. die Eintrittswahrscheinlichkeit seiner

unterschiedlichen Zwangsgedanken, automatischen Gedanken bzw. realistischen Alternativgedanken zu entwickeln. In unserem Beispiel könnte dies so aussehen: Der Patient soll, nachdem er einen bestimmten Straßenzug durchgangen hat, angeben, mit welcher Wahrscheinlichkeit er glaubt, ein Kind umgelaufen oder einen Radfahrer "touchiert" zu haben. Sodann soll er den "realistischen Alternativgedanken" entwickeln, quantitativ abschätzen und in Realitätsexperimenten beide überprüfen.
Gezieltes Eingehen eines kleinen Risikos: Eines der zentralen Probleme vieler Zwangspatienten ist ein anhaltendes und hypertrophes Bedürfnis, jedwedes Risiko in einen zentralen Befürchtungsbereich zu vermeiden bzw. sich für die in zwanghaften Grübelgedanken ausgemalten Risiken Sicherungsstrategien zu entwickeln, die letztlich in die große Vielfalt der Zwangsgedanken und -handlungen übergehen. Es kann daher hilfreich sein, wenn der Patient bewußt selbstgewählte kleine Risiken eingeht bzw. Situationen aufsucht, in denen die von ihm befürchteten Risiken unvermeidlich enthalten sind. In unserem Beispiel wurde im ersten Schritt der Schulhof einer allgemeinbildenden Schule zunächst während der Unterrichtszeit, im weiteren auch während der Pausenzeiten aufgesucht. Im nächsten Schritt ging der Patient zusammen mit dem Therapeuten im Pausensaal bzw. im Treppenhaus dieser Schule auf und ab, ohne sich bei dem Therapeuten rückzuvergewissern, daß nichts Schädliches durch ihn geschehen sei. Schließlich ging er auf einem Fahrradweg spazieren und zuletzt joggte er zusammen mit dem Therapeuten in der belebten Fußgängerzone einer Großstadt. Dabei verringerte sich die Möglichkeit, sein Verhalten zu kontrollieren, mehr und mehr. Zugleich ging er bewußt ein zunehmend größeres, aber durchschnittliches und mit den üblichen Alltagserfahrungen verträgliches Risiko ein. Dadurch lernte er zu spüren, wie es sich anfühlt, gewisse Alltagshandlungen zu verrichten und gleichzeitig auf übergroße Kontrolle zu verzichten. In diesen Übungen verbinden sich die Prinzipien einfacher Verhaltensexperimente mit dem versuchsweisen Eingehen von Risiken, dem Training sensorischer Evidenz sowie der Reizexposition und Reaktionsverhinderung.

Techniken der kognitiven Konfrontation bzw. Exposition

In Zusammenhang mit den zuvor beschriebenen Möglichkeiten und Elementen einer kognitiven Restrukturierung der obsessiven Gedankenwelt und der verbreiteten Grübelgedanken stehen auch die im folgenden näher zu beschreibenden Techniken der kognitiven Konfrontation bzw. - wie man auch sagen könnte - der kognitiven Reizexposition. Dabei wird das bei Handlungszwängen so effektive Prinzip der Reizkonfrontation und Reaktionsverhinderung auf den kognitiven bzw. imaginären Bereich übertragen. Diese Techniken sind besonders dann sinnvoll und zur Anwendung naheliegend, wenn - wie bei unserem Beispiel - Grübelgedanken und Zwangsgedanken neben den Zwangshandlungen ein wesentliches Element des Krankheitsbildes darstellen. In unserem Beispiel hatten sich bereits in den ersten Therapiestunden starke Hinweise darauf ergeben, daß erhebliche kognitive Zwangselemente vorliegen. Aus den geschilderten Gründen war zunächst damit begonnen worden, die Compulsionen, also die Handlungsbestandteile des Zwangssyndroms, anzugehen. Nach demselben Schema bzw. selben Behandlungsparadigma können anschließend auch gedankliche Zwänge bzw. Zwangsvorstellungen angegangen werden. Therapeutisch elementar ist dabei, dem Patienten zunächst Modelle für die Entstehung von Zwangsgedanken und deren Funktionalität (siehe oben) nahezubringen. Dazu eignet sich wiederum das bereits beschriebene Modell von Salkovskis. Demnach wird bei Entstehung des vorbeschriebenen "ersten Junktims" bei dem betroffenen Individuum ein Gefühl innerer Unruhe, Angespanntheit und Erregung ("discomfort") entstehen. Das Individuum hat im Laufe seiner Lerngeschichte gelernt, mit Hilfe von beruhigenden bzw. neutralisierenden Gedanken diese Unruhe kurzfristig zu beherrschen bzw. zu mindern. Genau darin besteht für den Betroffenen die Zielsetzung und der kurzfristige Nutzen neutralisierender Gedanken. In unserem Beispiel lassen sich neutralisierende Gedanken etwa der folgenden Art angeben: Bei Auftreten des besorgniserregenden Gedankens (z.B. "ich könnte ein Kind angerempelt haben") stellt sich eine innere Unruhe und ein starkes Unbehagen ein. Dies kann durch eigene Blickkontrolle, Rückversicherung durch Begleitperson oder Helfer gemindert werden. Der persistierende Gedanke, etwa ein Kind angerempelt zu haben und zur Kontrolle zurückgehen zu müssen, kann nach gewisser Zeit dadurch ab absurdum geführt werden, daß sich die Situation längst verändert hat und ein etwaiger Kontrollgang von daher sinnlos wäre. Dieser Gedanke wirkt zunächst beschwichtigend bzw. beruhigend, stellt aber keine wirkliche Konfrontation mit der angstauslösenden Vorstellung dar. Der Patient kann an diesen oder an anderen Beispielen klar zu differenzieren lernen zwischen angstauslösenden Gedanken ("ich könnte ein Kind geschädigt haben") und neutralisierenden Gedanken ("ich müßte Hilfeschreie gehört haben" oder "weitere Kontrollen sind sinnlos, da sich die Situation bereits geändert haben muß").

Das Prinzip der kognitiven Konfrontation besteht im Unterschied zu den neutralisierenden Gedanken darin, daß sich der Patient gezielt dem angst-

bzw. ritualauslösenden Gedanken selbst aussetzt und diesen im weiteren Verlauf bewußt hervorruft und steigert: In unserem Falle, also z.B. der Vorstellung des Patienten, er könnte ein Kind berührt haben, das dadurch zu Fall gekommen sei oder er könnte Radfahrer durch seine Bewegungen zu Ausgleichsbewegungen veranlaßt haben, so daß dieser zu Falle gekommen sei und Schaden gelitten hätte. Eine Expositionsübung in vivo auf dem Radweg gab uns zugleich Gelegenheit, dem Patienten den zusätzlichen therapeutischen Wert solcher Konfrontationsübungen in den Vorstellungen zu demonstrieren: Er wurde gebeten, sich vorzustellen, daß ein Fahrradfahrer umgefallen sei und neben ihm liege. Dann sollte er sich vorstellen, ein weiterer Fahrradfahrer liege an einer anderen Stelle, ein dritter an einer weiteren usw. Schließlich steigerte er die Vorstellung soweit, daß eine Vielzahl darniederliegender und toter Radfahrer ihn umgab. Dies löste in ihm zunächst Besorgnis, dann Erstaunen und schließlich den Affekt des Ärgers (=Affektumkehr) aus. Er wollte dann nicht länger bei dieser als absurd erkannten Vorstellung verbleiben, fand zu einer selbstironischen Stellungnahme und erkannte die Irrationalität seiner obsessiven Phantasien und katastrophisierenden Befürchtungen.
Eine Modifikation dieser Technik kann darin gesehen werden, daß sich der Patient eine für ihn "schreckliche" Geschichte, die er gerade eben noch emotional zulassen kann, die aber erhebliche Ängste auslöst, aufschreibt, sich diese vorspricht, visualisiert oder auf ein Tonband spricht. Diese Therapietechnik wurde in unserem Behandlungsfall eben erst eingeführt, so daß Abschließendes darüber noch nicht berichtet werden kann. Es bestehen aber günstige Hinweise darauf, daß hierdurch eine weitere Hilfe zur Distanzierung von und letztlich zur "Sättigung" und Übersättigung der Angstphantasien und Zwangsphantasien gewonnen werden kann.

Der aktuelle Behandlungsstand und weitere Perspektiven

Zum Zeitpunkt der Fallpräsentation hat es der Patient weitgehend erlernt, die Zwangshandlungen insoweit zu beherrschen, daß er sich im vertrauten Umfeld und auch in einer unbekannten Stadt weitgehend selbständig bewegen kann. Er hat seinen Entschluß, den Studienort zu wechseln, konkret angehen können, sich an seinem bisherigen Studienort bei den Universitätsbehörden abgemeldet und zu einem anderen Studienort umgemeldet, der näher zum Wohnsitz seiner Mutter und Großmutter sowie zum Praxissitz des Therapeuten gelegen ist. Er hat auch die Aufgabe der bisherigen Studienwohnung, den Umzug an den neuen Studienort, die Einschreibung an der dortigen Universi-

tät und entsprechende andere "Eingewöhnungsmaßnahmen" absolviert. In die neue Studiensituation kann er sich zumindest befriedigend, streckenweise recht gut einfinden. Er ist in aller Regel in der Lage, die notwendigen Erledigungen ohne obsessive Phantasien zu absolvieren. Insgesamt erscheint eine vorsichtig optimistische Prognose gerechtfertigt, auch wenn noch eine längere Behandlungszeit absehbar ist.
Problembereiche stellen nach wie vor eine aufkommende Unsicherheit, z.B. bei Konflikten im verwandtschaftlichen und sonstigen interpersonellen Bereich, dar. Auch die Situation, am neuen Studienort "auf sich allein gestellt und einsam" zu sein, bereitet ihm zeitweilig erhebliche Probleme. Nicht zuletzt hat er begonnen, sich in die frühere Beziehungssituation hineinzubegeben und sich gegenüber seiner Freundin neu und selbst zu definieren. In familiären Konfliktsituationen kann er klarer und entschiedener Stellung beziehen und auch negative Gefühle wie Aggression oder Distanzbedürfnis zulassen. Sein Aktionsradius ist gegenüber der Situation zu Behandlungsbeginn ganz unzweifelhaft erheblich gebessert, wenngleich noch nicht völlig normalisiert. Weitere Behandlungsfortschritte erscheinen in den nächsten Monaten durchaus wahrscheinlich.

Literatur

1. *Baer L (1993) Alles unter Kontrolle. Zwangsgedanken und Zwangshandlungen überwinden. Verlag Hans Huber, Berg/ Göttingen*
2. *Beck et al. (1994) Kognitive Therapie der Depression. Psychologie Verlags Union Weinheim*
3. *Conradi M (1998) Diagnostik von Zwangsstörungen. In: Psycho 24 Sonderausgabe, S. 15-18*
4. *Crombach G (1994) Die Behandlung von Zwängen in der psychiatrischen Praxis – ein integrativer Ansatz. Prax. Klin. Verhaltensmed. Rehabil. 26: 89-93*
5. *Dilling H, Mombour W, Schmidt MH, Schulte-Markwort E (1994) (Hrsg.) Internationale Klassifikation psychischer Störungen. ICD-10 Kapitel V (F) Forschungskriterien. Hans Huber Verlag Bern*
6. *Hand I (1992) Verhaltenstherapie der Zwangsstörung; In: Hand I. et al (Hrsg.) Zwangsstörungen: Neue Forschungsergebnisse. Berlin, Springer*
7. *Hand I (1993) Expositions-Reaktionsmanagement (ERM) in der strategisch-systematischen Verhaltenstherapie. Verhaltenstherapie 3: 61-65*
8. *Hand I (1998) Ambulante Therapie bei Zwangsstörungen. In: Psycho 24, Sonderausgabe, S. 23-29*

9. Hauke W (1994) Die Effektivität von multimodaler Verhaltenstherapie bei Zwangs-Neurosen. Prax. Klin. Verhaltensmed. Rehabil. 26: 82-88
10. Hoffmann N (1994) Kognitive Verhaltenstherapie bei Zwangsstörungen. In: M. Hautzinger (Hrsg.) Kognitive Verhaltenstherapie bei psychischen Erkrankungen. Quintessenz Verlag, Berlin/ München, S. 99-116
11. Kohl F (1997) Die "Progressive Muskelrelaxation" nach Jacobson - methodischer Ansatz, konzeptionelle Entwicklungen und Grundzüge der gegenwärtigen Anwendungspraxis. Krankenhauspsychiatrie 8: 189-193
12. Kordon A, Hohagen F (1998) Stationäre Therapie der Zwangsstörung. Psycho 24: 38-43
13. Lakatos A (1994) Kognitiv-behaviorale Therapie von Zwangsstörungen. Prax. Klin. Verhaltensmed. Rehabil. 26: 99-106
14. Lakatos A (1997) Kognitiv-behaviorale Therapie für Zwangsstörungen. Eine Therapievergleichsstudie. S. Roderer Verlag Regensburg
15. Reimer M (1994) Ambulante Verhaltenstherapie der Zwangsstörung in der kassenärztlichen Versorgung: Wichtige Therapieschwerpunkte aus der Erfahrung in der Praxis. Verhaltenstherapie 4: 266-274
16. Reinecker H (1991) Zwänge: Diagnose, Therapie und Behandlung. Berlin Huber
17. Salkovskis P (1994) Principles and practice of cognitive-behavioural treatment of obsessional problems. Prax. Klin. Verhaltensmed. Rehabil. 26: 113-120
18. Saß H, Wittchen HU, Zaudig M (1996) Diagnostisches und statistisches Manual psychischer Störungen DSM-IV. Hogrefe Verlag, Göttingen
19. Schorr A (1984) Die Verhaltenstherapie. Ihre Geschichte von den Anfängen bis zur Gegenwart. Beltz Verlag. Weinheim
20. Süllwold L, Herrlich J, Volk S (1994) Zwangskrankheiten. Psychobiologie, Verhaltenstherapie, Pharmakotherapie. Verlag W. Kohlhammer, Stuttgart
21. Wahl R, Kohl F (1995) Entspannungsverfahren bei Angsterkrankungen. In: S. Kasper und H.-J. Möller (Hrsg.) Angst- und Panikerkrankungen. Gustav Fischer Verlag, Jena/ Stuttgart, S. 448-468
22. Wolpe J (1958) Psychotherapy by reciprocal inhibition. Stanford.

Stationäre und ambulante Verhaltenstherapie

R. Mösl

In den letzten 20 Jahren sind die Behandlungsmöglichkeiten bei Zwangserkrankungen vermehrt in den Blickpunkt des Interesses gerückt. Die Verhaltenstherapie begann schon seit Ende der 70er Jahre damit, ihre Behandlungskonzepte bei Zwangserkrankungen wissenschaftlich zu überprüfen und zu modifizieren. Zuvor war in den USA als Behandlungsmöglichkeiten das Verfahren der Desensibilisierung bei Zwangserkrankungen durch Wolpe zur Anwendung gekommen. Mit nicht besonders bemerkenswerten Ergebnissen. Im europäischen Raum, zunächst durch z.B. Marks in London, wurden aber dann die verhaltenstherapeutischen Behandlungsmöglichkeiten erweitert und durch umfangreiche wissenschaftliche Studien vorangebracht. Der Forschungsschwerpunkt bezüglich Zwangserkrankungen verlagerte sich an die europäischen Universitäten und Behandlungsambulanzen. Inzwischen verfügt die Verhaltenstherapie bei der Behandlung von Zwangserkrankungen über einen umfassenden Zugang zu therapeutischer Erfahrung und praktischem Wissen.
Man hatte festgestellt, daß die Erkrankungssymptome dadurch, daß sich die Betroffenen dem auslösenden Reiz aussetzten, günstig zu beeinflussen waren. Diese Exposition kann in direktem Kontakt, in der unmittelbaren Situation oder imaginär erfolgen. Dieses verhaltensorientierte Vorgehen gibt den Betroffenen die Möglichkeit, die Zwangshandlung nicht auszuführen und das Abklingen der inneren Anspannung zu erleben. Also Exposition mit Reaktionsverhinderung. Variiert wurde dieses Vorgehen durch den Ansatz des Reaktions-Managements, also die Zwangsreaktion zu verhindern, aber alle andern auftretenden Reaktionen voll zuzulassen und deren Bewältigung differenziert anzugehen. Die Exposition ist ein graduelles Vorgehen, d.h. daß die

Reizkonfrontation in einer Hierarchieliste erstellt und dementsprechend durchgeführt wird. Sich dem größtmöglichen Reiz auszusetzen wird als Flooding bezeichnet. Dieses Überfluten bringt nach wissenschaftlicher Auswertung keine Steigerung der Symptomreduktion und ist im Ergebnis der graduellen Exposition gleichzustellen. Das Floodingverfahren führt bei den Betroffenen aber oftmals zu einem vertieften emotionalen Erleben, was recht nachhaltig wiedergewonnene Erlebnisqualitäten hervorrufen kann.
Auch bei Zwangsgedanken hat sich die Konfrontation mit den gefürchteten Gedankeninhalten durch die imaginäre Exposition mit Reaktions-Management als eine hilfreiche Behandlungsmethode erwiesen. Ergänzend dazu sei noch das Sättigungsverfahren, der Gedankenstop und die Ablenkung zu erwähnen. Diese verhaltensorientierten Verfahren wurden bereichert durch die kognitiven Therapieinterventionen, die eine realitätsbezogene Neubewertung der Situation und der eigenen Befähigung fördern.
Das Anliegen und daraus abgeleitet auch das Ziel von wissenschaftlichen Studien und kontrollierten Erfahrungsauswertungen ist darauf ausgerichtet, daß die Betroffenen ihre Erkrankungssymptome besser in den Griff bekommen. Hauptsächlich aber ist als wichtigste Hilfe das Ziel gesetzt, daß die Klienten Anleitungen zu erfolgsorientierten Bewältigungsstrategien in die Hand bekommen, um damit Handlungsspielraum und Entscheidungsfähigkeit wiederzuerlangen. Dies ist der Grundgedanke im therapeutischen Behandlungsschema der Verhaltenstherapie sowohl im stationären als auch im ambulanten Bereich.
Ebenfalls stationär und ambulant anzuwenden sind die umfangreichen psychologischen Tests (z.B.Y-BOCS, HZI-K, MOCI, Soziale Angst Skala, HDHQ), die zur Diagnosestellung die Ausprägung und Beeinträchtigung der Zwangserkrankung erfassen. Und wobei auch die Differenzialdiagnosen berücksichtigt werden können. Damit ist gewährleistet, daß bei schwerer Erkrankungsausprägung u.U. die Entscheidung zwischen stationärer oder ambulanter Psychotherapie erfolgen kann. Im weiteren Behandlungsverlauf sind diese Tests dann hilfreich, um einen Überblick über den aktuellen Befindenszustand der Betroffenen zu erhalten und eine gemeinsame Verlaufskontrolle in der Therapieplanung zu haben.
Die Vorteile des stationären Behandlungssettings sind folgendermaßen zu definieren:

- Entlastung bei schwerer sekundärer Depression
- Entlastung aus häuslichem Umfeld
- kontinuierliche Verhaltensbeobachtung
- Gewährleistung intensiver Exposition mit Reaktions-Management

- Kontakt mit anderen Zwangserkrankten
- Übungsfeld für soziale Fähigkeiten
- breites Spektrum alternativer Therapieangebote

Wie aus der Auflistung ersichtlich wird, ist es nicht die Ausprägung der Zwangssymptome, die eine stationäre Behandlung erforderlich machen kann. Die sozialen Einschränkungen, die begleitende Depression und z.B. eine Alkoholproblematik können zunächst eine stationäre Behandlung notwendig machen. Dabei ist besonders zu berücksichtigen, daß die Klinik bevorzugt im erreichbaren Umfeld liegt, damit Belastungserprobung und das Üben der Bewältigungsstrategien im häuslichen Umfeld stattfinden kann. Auch die Einbeziehung der Angehörigen in das therapeutische Arbeiten wird dadurch erleichtert.
Das hier vorgestellte kognitiv-verhaltenstherapeutische Behandlungsprogramm basiert auf den wissenschaftlichen Studienauswertungen, die u.a. an den Universitäten Hamburg von Prof. Hand, in Freiburg von Prof. Hohagen und in Bamberg von Prof. Reinecker entwickelt wurden. In der Anwendung hat sich dieses Programm in den verhaltenstherapeutischen Einrichtungen bewährt, zum Beispiel in der Klinik Windach und in der hiesigen Klinik.
Zu dem stationären und ambulanten Behandlungsschema gehören folgende Therapiebausteine:

als tägliche Aufgabe das
- **Protokollieren der Symptome (Ausprägung, Intensität)**

daraus abgeleitet die Erarbeitung der
- **auslösenden Faktoren,**
- das **Darstellen der Familienskulptur zur Identifikation auslösender Emotionen**

falls erforderlich ein
- **Motivationsvertrag,**
- **bzw. die Erarbeitung der Therapieziele,**
- **Erstellung einer Hierarchieliste,**
- **Durchführung des Reizkonfrontationstrainings,**
- **graduelle In-vivo-Exposition mit Reaktions-Management,**
- das Erarbeiten der maximal reizauslösenden Situationen, der sog. **Flooding-vertrag,**
- Erprobung alternativer **Bewältigungsstrategien im häuslichen Umfeld,**

- Hausaufgaben im **Selbstmanagement,**
- **Verbesserung der sozialen Kompetenz.**

1.) Die therapeutische Anleitung ist in drei Phasen unterteilt:

erstens die Eingangs- und Vorbereitungsphase, die instruktiv-erklärend aufgebaut ist und mit besonderer Sorgfalt und Gründlichkeit erarbeitet werden muß. Anhand der täglichen Auflistung der Symptomausprägung und der situativen Auslöser wird versucht, eine genaue intraindividuelle und interaktionelle Funktionsanalyse zu erstellen. Darüberhinaus die Motivation und Veränderungsbereitschaft des Einzelnen zu aktivieren. Besonders wichtig ist auch das Hervorheben vorhandener Fähigkeiten zur Wiedergewinnung der persönlichen Lebensgestaltung. In der Zielsetzungsskalierung werden realitätsbezogene Schritte festgelegt, unter Berücksichtigung der Bedürfnisse des Betroffenen. Die Basis bildet der Aufbau eines therapeutischen Arbeitsbündnisses. Dies ermöglicht zum Beispiel den Zugang zu emotionalen Qualitäten, die als aufrechterhaltende Faktoren in der Familienstruktur erlebt worden sind.

2.) Die zweite Phase *die Interventions- und Veränderungsphase,* ist gekennzeichnet durch den individuell erarbeiteten Floodingvertrag bzw. das Expositionstraining mit Reaktions-Management. Dabei erklärt sich der Betroffene bereit, sich mit den schlimmstmöglichen bzw. graduell erträglichen Reizen zu konfrontieren und die zuvor zwangsläufigen Handlungs- und Gedankenabläufe zu unterbrechen, beziehungsweise zu unterlassen und andere Reaktionen zuzulassen. Einerseits also realitätsbezogen das Abklingen der Angst zu erleben, andererseits Entscheidungsfähigkeit und alternative Handlungsmöglichkeiten wiederzugewinnen. Begleitend dazu empfiehlt es sich die Risikoübungen und Verhaltensexperimente mit Hilfe kreativer Ausdrucksformen und Videoaufzeichnungen sichtbar und erlebbar zu machen. Der Betroffene hat die Möglichkeit, mit Hilfe kognitiver Verfahren seine bisherigen Einstellungen neu zu bewerten bezüglich Wahrscheinlichkeit, Verantwortlichkeit und Schuld. Die Anwendung von Entspannungsverfahren kann eine hilfreiche Unterstützung sein. Diese Therapiephase wird engmaschig therapeutisch begleitet.

3.) In der dritten, der Ablösephase, kann das Üben der Bewältigungsstrategien im häuslichen Umfeld noch zu erheblichen Turbulenzen führen. Also ist hier die weitere, genauere Vertiefung des bisher Geübten notwendig. Gleichzeitig ist aber auch die Anleitung zur Entwicklung von aktiver Lebensgestaltung und

Selbstsicherheitsübungen ein Schwerpunkt dieser Therapiephase. Das Ziel dabei ist, aktive Bewältigungsstrategien anzuwenden, Realitätsüberprüfung und Risikobereitschaft zu fördern und Akzeptanz für die unterschiedlichsten emotionalen Anteile zu entwickeln. Damit ist ein größerer Spielraum für Selbstreflexion und innere Sicherheit möglich. Dieses Therapieprogramm gibt den Betroffenen aktive Erfahrungswerte mit, um ein verbessertes Umgehen mit der Zwangserkrankung zu erleben. Trotzdem kann zur langfristigen Stabilisierung eine psychotherapeutische Weiterbehandlung nach der stationären Behandlung notwendig sein. Auch die Teilnahme an einer Selbsthilfegruppe wird angeregt, um weiterhin aktives Selbstmanagement zu üben.
Oft erleben Patienten und Therapeuten diese gemeinsame Zeit mit sehr viel konstruktiv-konfrontativem Engagement. Dabei zeigen sich immer wieder befreiende Lösungen, in denen auch Raum und Gelegenheit für lebendige Freude und heitere, spielerische Kreativität ist.
Die Auswertung bei den beschriebenen therapeutischen Durchführungsmodalitäten liegt bei ca. 75% gebesserter Symptombewältigung. Dabei ist zu berücksichtigen, daß es keine hinreichende Übereinstimmung bezüglich der Meßinstrumente gibt und die Beurteilung von "Erfolg" bei den jeweiligen Tests ebenfalls nicht ausreichend einheitlich eingesetzt ist. Trotz dieser noch vorhandenen Unschärfe ist das kognitiv-verhaltenstherapeutische Therapieprogramm ein erfolgsversprechendes Behandlungsverfahren. Gewiß, es gibt derzeit zu wenig ambulante und stationäre Behandlungsplätze, um den Bedarf für die therapiemotivierten Zwangserkrankten zu sichern. Daher ist es um so wichtiger, über die Behandlungsmöglichkeiten für Zwangserkrankte zu informieren und erfolgsorientierte Therapieschemata zu erproben, die auch langfristige Behandlungsergebnisse für die Betroffenen begünstigen.

Zusammenfassung

Langjährige Studien der Verhaltenstherapie führten zu umfangreichen Auswertungen und Erfahrungen über Behandlungsmodalitäten bei Zwangserkrankungen. Das verhaltenstherapeutische Behandlungsverfahren geht auf die oft schwerwiegenden Erkrankungsausprägungen folgendermaßen ein: bei symptombezogenem Vorgehen stehen Motivationsaufbau, Zielsetzungserarbeitung und Reizkonfrontationstraining (z.B. Exposition und Reaktionsmanagement) im Vordergrund. Von besonderer Bedeutung ist darüberhinaus eine kognitive Neuorientierung und die therapeutische Anleitung zur Verbesserung der sozialen Kompetenzen. Diese Therapiebausteine gelten sowohl im stationären wie auch im ambulanten Behandlungssetting. Dabei ist die Entscheidung, ob ambulante oder stationäre Behandlung, nicht nur von dem Ausprägungsgrad der Erkrankung abhängig. Auch sekundäre Faktoren, wie regional unzureichende therapeutische Kapazitäten, können eine stationäre Behandlung notwendig machen. In der Wahl des kognitiv-verhaltenstherapeutischen Behandlungsverfahrens ergänzen sich die stationäre und ambulante Therapie, sind bei schwerwiegender Erkrankungsausprägung oftmals beide erforderlich.

Was leistet die stationäre Therapie?

H. Rath, P. L. Janssen

Der 35jährige Herr F. arbeitet in einer Versicherungsfirma. Obwohl die Arbeit ihm großen Spaß macht, er mehrfach befördert wurde, ist er seit mehreren Monaten krank geschrieben. Er schämt sich seiner "Krankheit": Keiner von den Arbeitskollegen weiß, was ihm fehlt. Erst vor kurzem schaffte er es, sich seiner Frau gegenüber zu öffnen. Sie zeigte Verständnis, war aber auch sehr bestürzt und bestand darauf, daß er sich in ärztliche Behandlung begebe. Es war ihm sehr schwer gefallen, ihr alles zu sagen, weil er fürchtete, von ihr als "verrückt" abgestempelt und abgelehnt zu werden. Er hatte auch Angst, in eine Klinik eingewiesen zu werden gegen seinen Willen. Andererseits konnte es so auch nicht weitergehen. Vor mehreren Jahren hatte es schleichend angefangen. Er hatte mehr als üblich angefangen, alles am Schreibtisch nachzukontrollieren in der Angst, er könne einen Fehler machen und damit den Kunden schaden. Er hatte dann immer mehr Zeit und Kraft gebraucht, seine Arbeit zu erledigen. Er war dazu übergegangen, die Akten mit nach Hause zu nehmen und arbeitete auch nachts und an den Wochenenden. Morgens erschien er unausgeschlafen am Arbeitsplatz. Ein Teufelskreis bildete sich. Es war schrecklich, immer wieder Ausreden erfinden zu müssen, damit keiner etwas merke. Er isolierte sich von allen sozialen Kontakten. Dann bemerkte er eine neue Angst: Immer, wenn er mit Frauen zu tun hatte, fürchtete er, er könne sie berühren und Sperma übertragen, so daß sie schwanger würden. Er wußte, daß diese Vorstellungen unrealistisch waren, konnte sich aber trotzdem nicht dagegen wehren. Schließlich konsultierte er einen Arzt, der ihm Medikamente verschrieb. Diese machten ihn müde, was ihn noch mehr beunruhigte, da er jetzt nicht mehr "richtig" seine Zwangshandlungen ausführen konnte. Der Arzt überwies ihn an einen Neurologen, der ihn schließlich zu einem Psychotherapeuten schickte. Von da aus kam er zu uns. Hier traf er andere Pat., die an den gleichen Symptomen litten. Bisher hatte er immer irgendwie angenommen, daß er mit seinen "verrückten" Beschwerden ganz allein stände. Anfangs hatte er keine Ahnung, was er bei uns solle und konnte sich nicht vorstellen, warum und wie Psychotherapie ihm helfen könne. Er war sich keiner Konflikte bewußt, vertraute aber darauf, daß wir ihm irgendwie helfen würden. Anfangs fühlte er sich bei uns wohl und aufgehoben, weil er hier Verständnis für seine Krankheit fand. Er mußte sich nicht länger verstecken und konnte zu seinen Problemen stehen. Dann jedoch kam eine schwierige Zeit, und er wollte die Behandlung abbrechen. Die Symptome verschlimmerten sich, statt sich zu verbessern, wie er das erwartet hatte. Obwohl er bis dahin immer mit allen Menschen gut ausgekommen war, geriet er zunehmend mehr in Konflikte mit Mitpat. In der Gruppe hielt man ihm vor, er verhalte sich immer konform und angepaßt, selbst wenn ihm Unrecht getan werde. An konkreten Beispielen wurde deutlich, daß er durchaus auch aggressive Gefühle erleben konnte, dies aber in vielen Fällen verleugnete oder nicht wahrhaben wollte. Er merkte, daß in bestimmten Situationen auf der Station seine Zwänge stärker waren, in anderen dagegen schwächer. Mit Hilfe des Therapeuten und der Mitpat. lernte er es dann, Verbindungen zwischen seinen Gefühlen und dem Auftreten seiner Symptome zu spüren. Auch konnte er immer wieder erleben, wie er in bestimmten Konfliktsituationen überaus heftig reagierte, und zwar in einer Weise, die über den jeweiligen Anlaß hinausging. Ihm fielen ähnliche Situationen aus seiner Vergangenheit im Zusammenhang mit seinen Eltern ein. Er merkte, wie sich seine Vergangenheit in der Gegenwart wiederholte, und er häufig die Gruppe feindlich erlebte wie eine böse Mutter. Häufig wurde er so wütend, was ihn sehr überraschte, kannte er solche Reaktionen bisher nicht von sich, daß er die Gruppe verlassen wollte. Mehrfach mußte er auch während der Sitzungen hinauslaufen. In solchen Krisensituationen konnte er sich beim Stationspfleger aussprechen, oder er konnte Verständnis und Halt bei seinem Einzeltherapeuten finden, dem er über die Gruppenereignisse nicht viel erzählen brauchte, weil er auch die Gruppe leitete. Nach einer gewissen Zeit stellte er überrascht fest, daß er kaum noch über seine Symptome sprach, sondern daß seine Auseinandersetzungen mit seinen Eltern, seiner Familie, den Mitpat. und dem Therapeuten stattdessen den meisten Raum einnahmen. Die Aufnahme neuer Pat. erinnerte ihn daran, daß 5 Monate wie im Fluge vergangen waren. Die Zwangsbeschwerden hatten sich unmerklich so gebessert, daß er sich mit der Trennung auseinanderzusetzen begann. In ambulanten Gesprächen nach Abschluß der Therapie berichtete er, daß er wieder voll seine Arbeit aufgenommen habe, daß seine Zwänge ihn kaum mehr behinderten, und wenn sie aufträten, wäre er besser als früher in der Lage, damit umzugehen. Er habe in seinem Verhalten Änderungen festgestellt, was auch seine Frau und seine Arbeitskollegen ihm rückgemeldet hätten. Vor allem sei er nicht mehr der "pflegeleichte" Mensch früherer Zeiten, sondern habe auch aggressive Seiten in sich entdeckt, die er auch äußere, ohne wie früher Angst zu haben, daß er damit Beziehungen kaputt mache oder daß die betreffende Person auf immer nichts mehr mit ihm zu tun haben wolle.

Frau H. wurde aus der inneren Klinik nach einem Suizidversuch von uns übernommen. Sie hatte nicht mehr leben wollen, weil sie glaubte, mit ihren Zwangssymptomen nicht mehr unter Leute treten zu können. Sie mußte sich stundenlang waschen, solange, bis ihre Hände blutig waren. Sie konnte kaum noch ihre Wohnung verlassen aus Angst, sich und andere zu infizieren. Eine ambulante Psychotherapie war nicht mehr durchführbar. Sie hatte den Eindruck, daß die Ärzte sie für einen hoffnunslosen Fall hielten. Mehrere hätten ihr gesagt, sie sei psychotisch, und wenn schon keine Heilung, so könnten höchstens Medikamente und eine Dauerunterbringung in einem Heim Linderung bringen. Ihr wurde geraten, sich damit abzufinden, daß sie nicht mehr in ihrem Beruf als Lehrerin arbeiten könne, und sie solle vorzeitig pensioniert werden. In der stat. Behandlung, die fast 12 Monate dauerte, setzte sich die Pat. vor allem mit ihrer gescheiterten Ehe und den schwerwiegenden Enttäuschungen an ihrer Mutter auseinander. Zeitlebens hatte sie sich als ungewolltes und ungeliebtes Kind gefühlt und vergebens später versucht, dies durch eine entsprechende Heirat ungeschehen zu machen. Sie war am Ende der Therapie wieder voll arbeitsfähig, konnte sich von ihrem Mann trennen und ein eigenes Leben aufbauen. Den Erfolg führte sie u.a. darauf zurück, daß wir Verständnis für ihre Symptome gezeigt hätten, was ihr schließlich dabei half, ihre Symptome vor sich selbst anzunehmen, statt sie weiterhin als teuflisch und "verrückt" zu bekämpfen, was nur dazu führte, daß sie sich nach jedem Scheitern um so mehr haßte. Häufig habe sie sich wegen ihrer Ängste nicht in der Lage gefühlt, an den Veranstaltungen der Therapeutischen Gemeinschaften wie an gemeinsamen Ausflügen teilzunehmen. Im nachhinein sei sie uns dankbar, daß wir sie angehalten hätten, sich ihren Ängsten auszusetzen und trotzdem mitzumachen. Überhaupt habe der Stationsrahmen, d.h. festgelegte Zeiten für Mahlzeiten, feste immer gleichbleibende Zeitpunkte für Gruppen- und Einzeltherapie, für sie eine enorme Rolle gespielt. Einerseits habe sie sich dadurch gehalten erlebt, und es sei ihr ein Gefühl von Verläßlichkeit vermittelt worden, etwas, das sie in ihrer Kindheit sehr vermißt habe. Andererseits sei diese Ordnung eine stete Herausforderung für sie gewesen, gegen die sie, anfangs nur indirekt und heimlich, opponiert habe. Im Laufe der Zeit habe sie aber gemerkt, daß unser Festhalten am "Setting" therapeutisch sinnvoll war

und nicht einem Bedürfnis entsprach, sie sadistisch zu quälen und zur Unterordnung zu zwingen. Oft habe sie die Erfahrung machen können, daß das genaue Untersuchen ihrer Settings-Verletzungen und tiefere Probleme zutage förderten, die bis dahin nicht sichtbar geworden waren und die nun besser bearbeitet werden konnten. Beispielsweise hätten wir ihr Zuspätkommen, wenn es auch nur wenige Minuten waren, angesprochen und dabei sei herausgekommen, daß sie starke Gefühle von Angst vor der Gruppe durch Zwänge kontrollieren mußte, die sie regelmäßig und automatisch durchführte, ohne noch bewußt zu merken, was sie machte und was dies mit der Gruppe zu tun hatte.
Sie glaube, daß zwar unser Verständnis für ihre Probleme und die Vermittlung von Einsichten wichtig gewesen sei, daß aber ohne die gleichzeitige Konfrontation mit ihren Ängsten und ihren eingeschliffenen Verhaltensweisen, die zum Teil ein Eigenleben über die vielen Jahre der Ausübung hin angenommen hätten, der Erfolg nicht in der Weise eingetreten wäre.

Herr J., der wegen seiner Kontrollzwänge seine Arbeit nicht mehr ausführen konnte, führt das Verschwinden der Symptome durch unsere Behandlung vor allem darauf zurück, daß er auf der Station wieder in Kontakt mit seiner Gefühlswelt gekommen sei. Dabei hätten ihm vor allem die Gestaltungs- und Bewegungstherapie geholfen. Durch das Zusammenleben mit den Mitpatienten habe er gelernt, über das zu reden, was ihn emotional belastete. Zu seinen Eltern sei er bis heute immer brav und lieb gewesen und habe sich keine eigenen Wünsche zugestanden. Er habe bei uns gemerkt, wie unselbständig er eigentlich sei, was ihm früher nie aufgefallen sei. Er habe über Jahre hin auch verleugnet, daß er eigentlich sich von seiner Freundin immer habe trennen wollen, es aber nie geschafft habe, ihr das zu sagen, aus Angst, sie werde das nicht verkraften. Er habe sich selbst auch schließlich eingeredet, daß ihre Beziehung die beste sei. Mit Hilfe der Therapie habe er gegen heftiges inneres Sträuben schmerzhaft erkennen müssen, daß er die Bindung aus Versorgungsgründen aufrechterhalten habe , und daß die Freundin eine Art Muttersatz für ihn geworden war. Seine Kontrollhandlungen seien eine Verschiebung seiner Bedürfnisse, die Beziehung zur Freundin zu kontrollieren und an ihr festzuhalten. Am Ende der stationären Therapie trennt sich Herr J. von der Freundin und bezieht eine eigene Wohnung. Er ist seit einem Jahr weitgehend beschwerdefrei, voll arbeitsfähig, ohne eine weitere ambulante Therapie in Anspruch genommen zu haben.

Für die Rolle eines Zwangskranken in dem Film "Besser gehts nicht" wurde Jack Nicholsen als bester Schauspieler des Jahres bei der diesjährigen Oskarverleihung geehrt. In dem Film wird eindrucksvoll dargestellt, wie durch die Begegnung mit einem Hund, mit einem Nachbarn und besonders mit einer Frau eingefahrene Zwangsrituale und Lebensstile erschüttert werden. An einer Stelle stellt Nicholsen überrascht fest "Ich habe ganz vergessen, meine Tür (wie üblich) abzuschließen!" Die innere Entwicklung, die der Held aufgrund seiner Konflikte zwischen Kränkungen über vermeintlichem Abgelehnt-Werden und seinen Liebesgefühlen durchleidet, ist den therapeutischen Schritten in der stationären Behandlung sehr ähnlich. Der Zwangskranke gerät in einen "Schmelztiegel" von menschlichen Beziehungen und Emotionen, die auf seine Schwierigkeit der Isolierung von Gefühlen trifft. Es kann zu einem Auftauen eingefrorener Verhaltens- und Erlebensweisen und zu einer Umstrukturierung kommen. Die Erlebnisintensität in der Gruppe wird durch die Reflektion im Einzelgespräch vertieft und aufgeklärt. Hier wird, besonders für schwere Formen der Zwangsstörung, der Vorteil der stationären Therapie gegenüber der ambulanten Behandlung deutlich. Auch kommen die verschiedenen Seiten des Kranken, die häufig voneinander abgespalten und isoliert sind, besser ans Licht als in der ausschließlichen Zweierbeziehung zum ambulanten Therapeuten. Auf der Station stellt sich der Pat. ja in den verschiedensten Feldern dar, die alle therapeutisch genutzt werden können. Angefangen vom Zusammensein mit den Mitpat. bei den Mahlzeiten, bei gemeinsamen Spielen etc. und selbstverständlich in der Arbeit mit den verschiedenen Therapeuten und den Schwestern und Pflegern werden bei all diesen unterschiedlichen Gelegenheiten verschiedene Konflikte beim Zwangskranken angestoßen und zum Ausdruck gebracht. Es gibt in diesem Sinne daher keinen therapiefreien Raum oder einen Unterschied zwischen einem sog. Real- und Therapieraum. Die Ereignisse aus den verschiedenen Feldern werden in regelmäßigen Teamsitzungen von den verschiedenen Therapeuten zusammengetragen und integriert, sodaß bei der Wahrnehmung eines jeden Therapeuten in seinem eigenen Feld auch ein Bewußtsein von dem mitschwingt, was in den anderen Feldern passiert ist. Wir sprechen deshalb von einem "integrativen Modell" stat. Behandlung.

Wir verfügen über eine inzwischen 15jährige Erfahrung in der stationären Behandlung von Zwangskranken. Wenn möglich arbeiten wir in homogenen, ausschließlich mit Zwangspat. zusammengesetzten Gruppen. Die Gefahr, daß die Pat. sich dadurch gegenseitig in ihren Symptomen verstärken, hat sich nicht bestätigt. Eher das Gegenteil ist zu beobachten. Die Pat. machen oft zum ersten Mal die Erfahrung, daß sie nicht abgelehnt oder gemieden werden wegen ihrer Beschwerden. Sie fühlen sich schneller verstanden, können sich öffnen und ihre Schamgrenzen rascher überwinden. Sie erkennen sich selbst im Spiegel des anderen.

Zum Abschluß zeigen wir Ihnen einige Ergebnisse unserer katamnestischen Untersuchungen.
Wie in dem Dia ersichtlich, geben die Pat. am Ende der Behandlung an, signifikant weniger Beschwerden zu haben als am Anfang. Unter der stat. Behandlung nehmen die Zwangssymptome ab, während gleichzeitig soziales Kontaktverhalten zunimmt, wobei ein besseres Umgehen mit Aggressivität bei geringerer Depressivität zu beobachten ist.

Prae-post-Vergleich der Ausprägung intrapsychischer Probleme (SCL-90-R) innerhalb der Zwangsstörungen

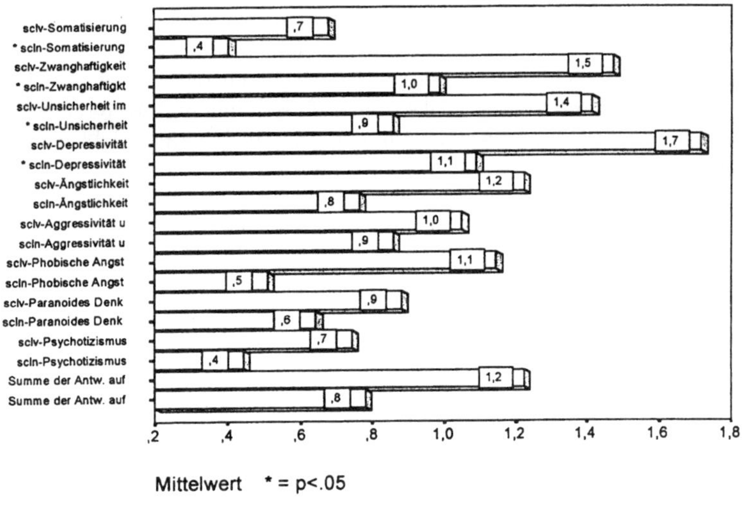

Ambulante Psychotherapie bei Zwangserkrankungen: Nicht nur Alternative, sondern Ergänzung zur stationären Psychotherapie

Ch. Wölk

1. Ambulante vs. Stationäre Therapie

Als 1995 die Deutsche Gesellschaft Zwangserkrankungen e.V. (DGZ) mit dem Ziel gegründet wurde, eine Anlaufstelle für von Zwangsstörungen Betroffene, deren Angehörige, Therapeuten und Ärzte zu schaffen, führte dies erwartungsgemäß zu einem verstärkten „coming-out" von Zwangskranken. Auch das vermehrte Aufgreifen des Themas Zwang in den Medien machte es nötig, für die wachsende Zahl von Behandlungswilligen adäquate Behandlungsangebote bereitzustellen. Diese bestehen in ambulanter Form, in den psychotherapeutischen Praxen, inzwischen aber auch zunehmend mehr in auf das Thema Zwang spezialisierten stationären Einrichtungen. Daß zwischen diesen beiden Behandlungsformen keine Konkurrenz, sondern sinnvollerweise eine sich gegenseitig ergänzende Kooperation stattfinden sollte, ist Gegenstand dieses Beitrags.
Es besteht weitreichender Konsens darüber, daß bei Vorliegen von Zwangsstörungen eine Verhaltenstherapie die Behandlungsmethode der Wahl darstellt (z.B. Hand, Goodman und Evers (5); Bossert-Zaudig und Zaudig (2)). In bestimmten Fällen kann eine zusätzliche Unterstützung der psychotherapeuti-

schen Arbeit durch die Gabe von Serotonin-Wiederaufnahme-Hemmern angezeigt (SSRI) sein. Eine ausführliche Diskussion der Bedeutung von Pharmakotherapie in der Behandlung von Zwangsstörungen ist z.B. bei Hand (4) und Hohagen (9) zu finden.

Der Therapeut, an den sich ein unter einer Zwangsstörung Leidender wegen einer Verhaltenstherapie wendet, übernimmt gerade bei dieser Patientengruppe eine besondere Verantwortung und muß häufig auch ein spezielles, nur für diese Klientel angezeigtes Therapeutenverhalten zeigen (vgl. Hauke (6); Reimer, Tillmanns und Tillmanns (14)). Auch in der von einer Betroffenen geschriebenen Darstellung des Ablaufs ihrer Therapie (S., Crombach und Reinecker (16)) wird die zentrale Rolle des Vertrauens zum Therapeuten, gerade in der Therapie von Zwangsstörungen, deutlich. Häufig ist der Therapeut der erste Mensch, der die Gefühle, Gedanken und Ängste des Patienten versteht. Er ist der erste, dem der Patient vorbehaltlos das wahre Ausmaß seines Zwangssystems mitzuteilen sich traut und der ihn trotzdem nicht verachtet, sondern ihn weiterhin ernst nimmt. In Anbetracht der Tatsache, daß Zwangserkrankte oftmals viele Jahre oder gar Jahrzehnte gezögert haben, sich in eine psychotherapeutische Behandlung zu begeben, sieht sich der Therapeut häufig unter besonderem Erfolgsdruck. Dieser Druck sollte jedoch nicht in übereiltem Expositions-Aktionismus münden, sondern zu einer besonders sorgfältigen Planung der therapeutischen Interventionen führen. Dazu gehört auch, ausführlich zu explorieren, welche Vor- und Nachteile eine stationäre Therapie für den jeweiligen Patienten in seiner aktuellen Situation hätte. Zu der Frage, welche Vor- und Nachteile eine ambulante Therapie gegenüber einer stationären hat, liegen bereits eine große Reihe von Arbeiten vor (z.B. Bents, Dirscherl, und Weißenberger (1); Hedlund (7); Reinecker (15)). Daher erscheint es an dieser Stelle ausreichend, lediglich einige Konstellationen von Zwangsstörungen zu beschreiben, bei denen eine stationäre Therapie besonders angeraten ist:

1. Vorliegen einer ausgeprägten Komorbidität mit einer Depression, besonders dann, wenn Suizidalität nicht ausgeschlossen werden kann.
2. Massive Ängste in Richtung einer Sozialphobie, die zu einer vollständigen Isolation des Patienten führen, so daß dieser aus seiner geschwächten Position heraus nicht stark genug ist, in seiner Familie oder am Arbeitsplatz die notwendigen Veränderungen vorzunehmen, um die oftmals vorhandene funktionale Bedeutung des Zwangs aufgeben zu können.
3. Krisenhafte Zuspitzung der Situation in der Familie des Zwangskranken, sodaß eine „Auszeit„ dringend erforderlich erscheint, um eine weitere Eskalation zu verhindern.

4. Unfähigkeit des Patienten, aufgrund seiner Zwangsstörung trotz ambulanter Hilfestellungen selbst für sein leibliches Wohl zu sorgen.
5. Unvermögen des Patienten, aufgrund einer Zwangssymptomatik, wie z.B. einer zwanghaften Langsamkeit, rechtzeitig zu den Behandlungsterminen zu erscheinen.
6. Die Zwangsstörung hat ein derartiges Ausmaß angenommen, daß eine kontinuierliche Hilfestellung für die Erkennung und Unterlassung von Zwangshandlungen notwendig wird.

2. Vorbereitung einer stationären Therapie durch ambulante Psychotherapie

Für den Fall, daß nach reiflicher Überlegung eine stationäre Behandlung indiziert erscheint, kommt dem ambulant tätigen Therapeuten die Aufgabe zu, diesen für den Patienten erfahrungsgemäß äußerst schweren Schritt vorzubereiten. Dabei muß man mit einer Reihe von Vorurteilen gegenüber einer stationären Therapie rechnen.
Bei einer Befragung der Teilnehmer einer Selbsthilfegruppe, inwieweit sie sich vorstellen könnten, sich in eine stationäre Psychotherapie zu begeben, wurden folgende diesbezügliche Vorurteile geäußert: Angst vor einer möglichen Stigmatisierung als psychiatrischer Patient; die Gefahr des Verlustes des Arbeitsplatzes; die Befürchtung, daß zuviel Leerlaufzeit am Tag existieren könnte und Angst davor, Rituale, die in der häuslichen Umgebung Sicherheit geben, zurücklassen zu müssen, weil diese in der stationären Einrichtung nicht durchgeführt werden können. Auch die Erwartung, daß die Zwänge unter Umständen in der anderen Umgebung gar nicht auftreten, lassen Betroffene manchmal an der Effektivität einer stationären Behandlung zweifeln.
Andere Ängste gehen wiederum in Richtung, überfordert zu werden, nicht zu wissen, wie lange der Aufenthalt dauert, und Angst vor Medikamenten, die Befürchtung, irgendwohin zu kommen, wo man nicht hingehört; dies ist besonders dann der Fall, wenn Zwangskranke zusammen mit anderen psychiatrisch Erkrankten untergebracht werden; Angst, dort die Kontrolle über sich und ihre Situation zu verlieren und womöglich „nicht wieder raus zu kommen“. Bedenkt man, daß gerade der Wunsch nach maximaler Kontrolle das zentrale Thema der meisten Zwangsstörungen darstellt, verwundert es nicht, daß die von Zwangskranken antizipierte weitreichende Aufgabe von Kontrolle sie extrem ängstigen und Vermeidungsverhalten hervorrufen muß.

Von den Mitgliedern der Selbsthilfegruppe wurden aber auch positive Erwartungen an die stationäre Therapie formuliert: Es ist immer jemand da, mit dem man sprechen kann, besonders als Krisenintervention. Selbst wenn der Therapeut nicht verfügbar ist, ist trotzdem jemand vom Personal oder ein Mitpatient als Ansprechpartner erreichbar. Die positive Bedeutung, die eine Anlaufstelle in der Not für Zwangskranke hat, wird besonders dann deutlich, wenn man bedenkt, daß diese häufig sozial isoliert, lediglich „in Begleitung„ ihres Zwangs leben. Weiterhin positiv wurde die Möglichkeit bewertet, sich mit anderen Betroffenen vergleichen zu können. Das Vorbild von behandlungsmäßig bereits fortgeschritteneren Mitpatienten könne ihnen Hoffnung und Mut geben. Ferner ging eine hohe Attraktivität der stationären Angebote davon aus, als Alternative zum Zwang positive Aktivitäten im Bereich von Sport oder Beschäftigungstherapien aufbauen zu können. Es war auch der ganzheitliche Ansatz, der nur im stationären Setting realisiert werden kann, der sehr positiv bewertet wurde. Die Hoffnung, daß Abstand vom Vergangenen eine bessere Voraussetzung für einen Neuanfang im Sinne einer persönlichen Neuorientierung schafft, wurde ebenfalls positiv gesehen. Ferner könnten hier neue Verhaltensweisen eingeübt und gefestigt werden, bevor diese dann in einer Umgebung, die nur wenig Bereitschaft für Veränderungen hat, gezeigt werden müßten. Es wird aber auch die Gefahr gesehen, daß nach einem längeren stationären Aufenthalt Transfer- und Eingewöhnungsprobleme auftreten könnten.

Für die Vorbereitung einer stationären Therapie ist es wichtig, daß der Therapeut selbst über genügend Informationen über stationäre Behandlungsangebote verfügt, um der fachlichen Kompetenz, die der Patient von ihm erwartet, gerecht zu werden. Informiertheit erleichtert die Auswahl eines geeigneten Behandlungsangebots und hilft, Ängste zu überwinden. Der beste Weg, um zumindest einen ersten Eindruck von solchen Angeboten zu bekommen, wäre ein persönlicher Besuch in mehreren stationären Einrichtungen. Eine Liste der Kliniken und Krankenhäuser, die für die Therapie von Zwangsstörungen besondere Angebote bereithalten, ist bei der Geschäftsstelle der Deutschen Gesellschaft Zwangserkrankungen e.V. erhältlich. Exemplarisch sollen im folgenden die Beurteilungen dreier stationärer Angebote durch Teilnehmer einer Selbsthilfegruppe wiedergegeben werden, nachdem diese sich dort das Behandlungskonzept durch einen Arzt oder Therapeuten haben darstellen lassen.

Eine große Attraktion ging von einem stationären Intensivprogramm aus, bei dem die Behandlung, die vor allem aus Expositionsarbeit besteht, in einem Zeitraum von ca. 3 Wochen komprimiert durchgeführt wird. Die dabei zu erwartende hohe Intensität der Behandlung rief aber bei einigen Teilnehmern der Selbsthilfegruppe auch Ängste vor einer Überforderung hervor. Das stationäre Angebot, das keine klare Trennung von Patienten mit Zwangsstörungen zu Patienten mit anderen psychiatrischen Erkrankungen vorsieht, fand bei den Betroffenen nur wenig Zuspruch. Eine stationäre Einrichtung, die innerhalb einer psychiatrischen Klinik für die Zwangserkrankten ein eigenes Gebäude reserviert und somit die Möglichkeit geschaffen hat, daß diese in einer Art „Wohngemeinschaft„ unter sich bleiben können, fand bei den Betroffenen guten Anklang; jedoch schreckte das Zugrundelegen einer viermonatigen Behandlungsdauer ab. Als gänzlich ungeeignet wurden von Selbsthilfegruppen-Teilnehmern unspezifische Therapieangebote in psychiatrischen Krankenhäusern bewertet.

3. Methoden für eine effektive ambulante Fortführung einer stationär begonnenen Verhaltenstherapie

Die Notwendigkeit, eine stationäre Therapie möglichst „nahtlos" in eine ambulante Therapie übergehen zu lassen, stellt den Regelfall dar. Das stationäre Setting scheint besonders gut geeignet zu sein, dem Patienten durch die permanente Verfügbarkeit eines Ansprechpartners die Kraft zu geben, seinen Zwang zu durchbrechen und eine Exposition mit Reaktionsverhinderung bei bedeutsamen Zwangsstimuli vorzunehmen.
Im Unterschied zu Angst- oder Panikpatienten ist damit jedoch ein erster, wenn auch bedeutender Schritt gelungen. Allerdings bedarf es anschließend noch eines längeren „Grabenkrieges" gegen den Zwang, den der Betreffende in eigener Regie führen muß. Die Gründe für diesen grundsätzlichen Unterschied zwischen Angst- und Zwangsstörungen könnten zum einen darin zu suchen sein, daß im Gegensatz zu Angstpatienten, die befürchten, durch ein massiert auftretendes überstarkes Angstgefühl in ihrer Widerstandskraft überfordert zu werden, Patienten mit Zwangsstörungen Angst haben, durch eine zu mutige Exposition extrem negative Gefühle zu provozieren, deren Bedrohlichkeit nicht in der Gefahr einer kurzfristigen Überforderung der psychischen Widerstandskraft liegt, sondern in der Angst, sich ihrer nicht mehr entledigen zu können. Ein Patient schildert dies in folgender Weise: „Ich habe Angst, durch eine zu mutige Attacke gegen meinen Zwang das bisher in der Therapie Erreichte wieder zu gefährden und dann dazu verdammt zu sein, für den Rest meines Lebens in einer Welt leben zu müssen, in der alles grau in grau und ohne Sonnenschein ist".

Eine zweite Schwierigkeit bei der Behandlung von Zwangserkrankten sind deren massive Defizite im Selbststeuerungsvermögen. Gerade diese scheinen nach Kuhl (11) einen zentralen Teil der Zwangsstörung darzustellen und einer eigenständigen Fortführung der Exposition nach Abschluß einer stationären Therapie im Wege zu stehen. Gerade deshalb sollte der Übergang von einer stationären Psychotherapie zurück in den Alltag sorgfältig geplant und vorbereitet werden. Dazu gehört auch, daß für einen möglichst lückenlosen Übergang in eine ambulante Fortführung der Verhaltenstherapie gesorgt wird. Hierbei sind detaillierte Absprachen zwischen dem stationär und dem ambulant tätigen Therapeuten bezüglich der zukünftigen therapeutischen Schritte wichtig. Auch sollte ein allmählicher Übergang zwischen der kontinuierlichen Betreuung des Patienten im stationären Setting und der häuslichen Situation, wo dieser, angeleitet durch die ein- bis zweimal pro Woche stattfindenden ambulanten Therapiestunden, alleine zurechtkommen muß, realisiert werden. Dabei gilt es zu berücksichtigen, daß dem Therapeuten bei der Durchführung von Expositionen mit Zwangskranken eine besondere Rolle zukommt (z.B. Hoffmann (8)). Dazu gehört z.B., daß dieser, im Unterschied zu Expositionsübungen mit Angstpatienten, bei der dies einen „Kunstfehler" darstellen würde, sich zumindest zu Anfang der Therapie dazu bereit erklären kann, die Aushaltbarkeit der Folgen einer Exposition zuzusichern. Es ist diese therapeutische Intervention, die dem Patienten die Kraft gibt, etwas zu tun, was er sich über Jahre hinweg nicht zugetraut hat. Das Vertrauen des Patienten, daß er auf die Hilfe des Therapeuten zählen kann, stellt den Ausgangspunkt dar, mit dem in der Verhaltenstherapie die Welt des Zwangskranken verändert werden kann. Diese besondere Bedeutung des Therapeuten stellt aber gleichzeitig auch ein großes Problem für den Transfer der während der Behandlung erzielten Erfolge auf die Alltagssituation dar. Weder bei der stationären noch bei der ambulanten Behandlung kann der Therapeut den Patienten bei seiner oft langwierigen Expositionsarbeit ständig begleiten. Im klinischen Setting stehen dem Patienten oftmals ein Co-Therapeut aus dem Pflegepersonal oder auch Mitpatienten nach den initialen, durch den Therapeuten angeleiteten Konfrontationsübungen zur Seite. Im ambulanten Bereich kann auf solche Ressourcen nicht zurückgegriffen werden. Auch die Angehörigen scheiden als Co-Therapeuten in der Regel aus, da diese beim Vorliegen einer langjährigen Zwangserkrankung bei ihrem Partner oder Angehörigen häufig zu Co-Patienten geworden sind (Hand (4)). In günstigen Fällen können Teilnehmer aus einer Selbsthilfegruppe diese Aufgabe zumindest teilweise übernehmen.
Um diese therapeutische Versorgungslücke zu schließen, bieten sich z.B. Aufrechterhaltungsverträge, Tagebuchprotokolle oder Telefonkontakte - per-

sönlich oder via Anrufbeantworter - an. In einigen Fällen gelingt eine ausreichende Stabilisierung der therapeutisch erzielten Verbesserungen durch das eigenständige Durcharbeiten von Selbsthilfeliteratur. Eine kurze Beschreibung und Bewertung der gängigen Selbsthilfebücher ist bei Münchau und Demal (12) nachzulesen. Auf jeden Fall günstig wirkt sich der Besuch einer Selbsthilfegruppe aus, besonders, wenn diese expertengeleitet ist und sich an einem strukturierten Programm, wie z.B. das von Münchau, Schaible, Hand, Weiss und Lotz (13), orientiert. Ein Verzeichnis der bisher etwa 40 bundesweit existierenden Selbsthilfegruppen ist bei der Geschäftsstelle der Deutschen Gesellschaft Zwangserkrankungen e.V. (DGZ, Postf. 1545, 49005 Osnabrück), erhältlich. Eine Beschreibung der Ziele und Aufgaben dieser Gesellschaft ist in der Arbeit von Cuipka und Münchau (3) zu finden. Eine ständig aktualisierte Darstellung der Aktivitäten dieser Gesellschaft ist im Internet unter der Adresse: http://www.zwang-forum.uni-osnabrueck.de zu finden.

4. Ein virtueller Co-Therapeut für Zuhause

Als ein vielversprechender, zukunftsweisender Weg zur Sicherung und zum Ausbau des erreichten Therapieerfolgs soll abschließend noch ein computergestütztes Trainingsprogramm (OCD-Trainer, Fa. Black Pencil AG, CH-4102 Binningen, Internet: www.febe.com/psy) beschrieben werden, das dem Therapeuten eine Art verlängerten Arm verschafft, der es ihm erlaubt, auch in der Zeit zwischen zwei Therapiesitzungen die tägliche Expositionsarbeit seines Patienten zu unterstützen.
Die Entwicklung dieses für die Begleitung der psychotherapeutischen Arbeit konzipierten Computerprogramms ist durch die Kooperation eines Verhaltenstherapeuten mit einem im Bereich der Programmierung von Spielprogrammen tätigen Software-Entwickler möglich geworden. Das dabei entstandene Trainingsprogramm kann Patienten mit Zwangsstörungen behilflich sein, ihre zwanghaften Verhaltensweisen zunehmend einzuschränken, indem Defizite in ihrem Selbststeuerungsvermögen kompensiert werden. Dies geschieht in der Form, daß "Brainy", ein sprechender virtueller Therapeut, der ein Wesen aus der Welt der Comics sein könnte, die Abwicklung von für den Zwangskranken schwer in ihrer Dauer zu kontrollierenden Tätigkeiten begleitet (Abb. 1).
Nachdem mit dem OCD-Trainer eine Übung vereinbart wurde, überwacht dieser deren zeitlichen Ablauf. Ist die dafür vereinbarte Zeit abgelaufen, so macht der virtuelle Co-Therapeut den Betreffenden darauf aufmerksam, in-

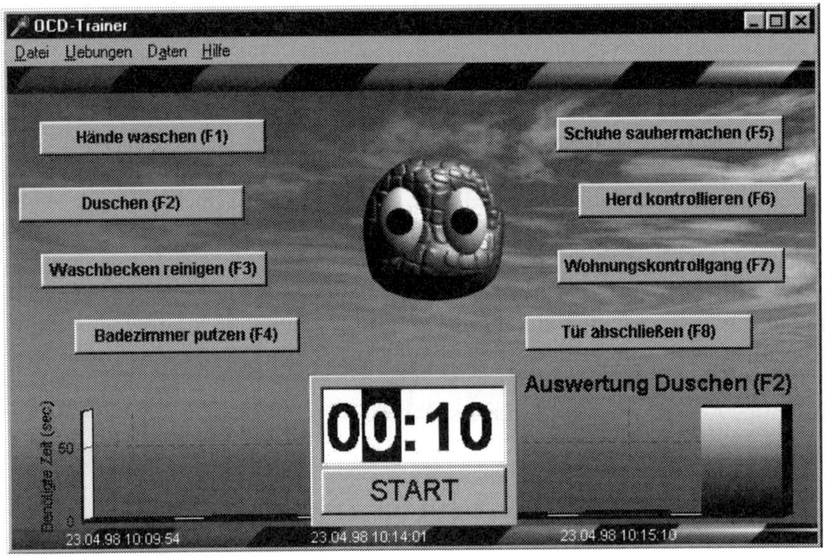

Abb. 1: Bildschirm des Trainingsprogramms zur Unterstützung von Expositionen in der häuslichen Umgebung.

dem er ihn anspricht. Wird vom Patienten die Beendigung der Handlung dem Computer gegenüber nicht bestätigt, so macht dieser sich so lange akustisch bemerkbar, bis der Patient die gewünschte Eingabe vornimmt. Anschließend bekommt der Patient Rückmeldung über den von ihm erzielten Erfolg in Form einer Gesamtstatistik über die bisher durchgeführten Übungen. Zusätzlich werden der Zeitpunkt des Übens und der erzielte Erfolg in einem Wochenprotokoll festgehalten. Dieses dient dazu, in der nächsten Therapiestunde den aktuellen Stand des Behandlungserfolges und des seitens des Patienten investierten Aufwands für Übungen zu besprechen.

Ziel bei der Entwicklung dieses Programms war es, die Defizite des Patienten in seinem Selbststeuerungsvermögen durch die externe Gabe von Anweisungen auszugleichen. Dabei wurde ein Weg beschritten, der den Interventionen eines persönlich bei den Expositionen anwesenden Therapeuten nachempfunden wurde. Gleichzeitig weist der virtuelle Therapeut gegenüber seinem realen Kollegen eine Reihe von entscheidenden Vorteilen auf. Dazu gehört vor allem, daß der Patient nicht unterschwellig die Kontrolle und Verantwor-

tung für seine Handlungen während der Exposition an diesen delegieren kann.
Als der OCD-Trainer Betroffenen, die 1988 einen Workshop auf der Jahrestagung der Deutschen Gesellschaft Zwangserkrankungen e.V. in Hemer besucht hatten, demonstriert wurde, signalisierte der überwiegende Teil der ca. 40 Teilnehmer, daß sie diese Expositionshilfe sehr interessant und die personifizierte Form des Ansprechpartners in der Figur des „Brainys" recht amüsant fänden. Nur vereinzelt wurden Befürchtungen geäußert, daß durch das Programm und den von ihm induzierten äußeren Zwang bei etwaigen Mißerfolgen Schuldgefühle entstehen oder verstärkt werden könnten.
Bei dem beschriebenen Trainingssystem handelt es sich um das erste von insgesamt drei geplanten Programmen, die als ergänzende Maßnahme zu der in der Therapiestunde stattfindenden therapeutischen Intervention vom Patienten selbständig auch in seiner häuslichen Umgebung eingesetzt werden können.
Das zweite, sich in Vorbereitung befindende Programm zielt darauf ab, den Patienten bei der selbständigen Durchführung von Expositionen mit Reaktionsverhinderung zu begleiten. Dazu leitet es ihn an, z.B. eine für seine Zwangserkrankung kritische Kontamination vorzunehmen, ermutigt ihn gleichzeitig jedoch, das üblicherweise sich daran anschließende Reinigungsritual möglichst oder sogar ganz zu unterlassen. Das Programm erlaubt, durch die Registrierung der elektrodermalen Aktivität, d.h. die vom Sympathikus innervierte Schweißdrüsenaktivität an den Handflächen, eine Visualisierung des bei der Exposition zu erwartenden emotionalen Habituationsprozesses. Es wird davon ausgegangen, daß dieses Sichtbarmachen der Abnahme der durch die Exposition hervorgerufenen psychischen Belastung über die Zeit hinweg die Therapiemotivation und Compliance günstig beeinflußt.
Das dritte Programm dient dazu, Patienten, die unter Zwangsgedanken leiden, die Möglichkeit zu geben, die kritischen Gedanken in gesprochener Form vom Computer aufzeichnen zu lassen, um sich anschließend so lange mit diesen zu konfrontieren, bis eine Habituation einsetzt. Auch hierbei kann über die gleichzeitige Messung der elektrodermalen Aktivität eine Visualisierung des Habituationsprozesses vorgenommen werden.
Ziel dieses Beitrags war es aufzuzeigen, wie ambulante und stationäre Psychotherapie bei der Behandlung von Patienten mit Zwangsstörungen zusammenarbeiten können. Damit die Vorbereitung bzw. Weiterführung einer stationären Behandlung durch einen ambulant tätigen Psychotherapeuten möglichst effektiv ist, bedarf es jedoch eines intensiven Austauschs zwischen den an der Behandlung beteiligten Therapeuten. Dazu müssen häufig jedoch erst

einmal Berührungsängste und Vorbehalte überwunden werden. Dann wird eine optimale Versorgung des Patienten möglich, indem alle für die Behandlung zur Verfügung stehenden therapeutischen Optionen - sowohl die ambulanten als auch die stationären - bei Bedarf genutzt werden können.

Literatur

1. *Bents H, Dirscherl Th, Weißenberger S (1998) Zur Frage der Indikation ambulanter oder stationärer Psychotherapie bei Zwangsstörungen. In: Ambühl H (Ed.) Psychotherapie der Zwangsstörungen. Stuttgart, Thieme*
2. *Bossert-Zaudig S, Zaudig M (1998) Aktuelle empirische Befunde zur Effektivität der Verhaltenstherapie bei der Zwangsstörung. In: Zaudig, M, Hauke, W, Hegerl (Eds.) Die Zwangsstörung. Diagnostik und Therapie. Stuttgart: Schattauer*
3. *Cuipka B, Münchau N (1997) Selbsthilfearbeit der Deutschen Gesellschaft Zwangserkrankungen (DGZ). Psycho 24: 36-37*
4. *Hand I (1998) Ambulante Therapie bei Zwangsstörungen. Psycho 24: 23-29*
5. *Hand I, Goodman WK, Evers U (1992) Zwangsstörungen. Neue Forschungsergebnisse. Duphar med communication, Vol. 5. Springer, Heidelberg*
6. *Hauke W (1998) Praxis des Reizkonfrontationstrainings bei Zwangsstörungen. In: Zaudig, M, Hauke, W, Hegerl (Eds.) Die Zwangsstörung. Diagnostik und Therapie. Stuttgart, Schattauer*
7. *Hedlund S (1997) Behandlung von Zwangserkrankungen - ambulant oder stationär? Entscheidungshilfen für die Wahl der besten Therapie. Z aktuell 4: 3-6*
8. *Hoffmann N (1998) Therapeut-Patient-Beziehung bei Menschen mit Zwangsstörungen. In: Ambühl H (Ed.) Psychotherapie der Zwangsstörungen. Stuttgart, Thieme*
9. *Hohagen F (1998) Kombination von Psychotherapie und Pharmakotherapie bei der Zwangsstörung. In: Ambühl H (Ed.) Psychotherapie der Zwangsstörungen. Stuttgart, Thieme*
10. *Kordon A, Hohagen F (1998) Stationäre Therapie bei Zwangsstörungen. Psycho 24: 38-43*
11. *Kuhl J (1996) Zwangserkrankungen: Warum müssen manche Menschen immer wieder dasselbe tun? Z aktuell 1: 5-10*
12. *Münchau N, Demal U (1998) Selbsthilfeliteratur bei Zwangsstörungen. Psycho 24: 33-35*
13. *Münchau N, Schaible R, Hand I, Weiss A, Lotz C (1995) Aufbau von verhaltenstherapeutisch orientierten Selbsthilfegruppen für Zwangskranke. (Sonderbeilage) Verhaltenstherapie 5, 3: 1-17*

14. Reimer M, Tillmanns A, Tillmanns I (1994) Ambulante Verhaltenstherapie der Zwangsstörung in der kassenärztlichen Versorgung: Wichtige Therapieschwerpunkte aus der Erfahrung in der Praxis. Verhaltenstherapie 4: 266-274
15. Reinecker HS (1994) Zänge (2. erw. u. überarb. Aufl.). Huber, Bern
16. Crombach G, Reinecker H (1997) Der Weg aus der Zwangserkrankung. Vandenhoeck, Göttingen

Medikamentöse Behandlung der Zwangsstörung

U. Trenckmann

Ist eine medikamentöse Behandlung überhaupt notwendig?

Vielen Menschen bereitet der Gedanke, daß seelische Funktionen durch Psychopharmaka bei ihnen beeinflußt und verändert werden sollen, Unbehagen. Es bestehen Befürchtungen, daß die Persönlichkeit verändert würde, die "chemische Keule" mehr schadet als nutzt. Auch bestehen tiefsitzende Zweifel, ob Medikamente überhaupt geeignet sind, Gefühle, Gedanken und Handlungen eines Menschen in welchem Sinne auch immer zu beeinflussen. Sorgen machen sich Betroffene auch, daß sie vom Psychopharmakon abhängig sein könnten, mit der Schlußfolgerung, daß es doch besser wäre, die Erkrankung aus eigener Kraft zu überwinden. Schließlich gibt es bei vielen Betroffenen und Angehörigen - auch verstehbar - die Hoffnung, daß Zwangshandlungen und Zwangsgedanken sich mehr oder minder von allein, so wie sie sich früher einmal, meist schrittweise, entwickelt haben, auch zurückbilden. Tatsächlich wechseln bei Zwangserkrankungen, wie bei anderen Leiden auch, gute und schlechte Zeiten. Leider ist allerdings der Spontanverlauf von Zwangsstörungen schlecht.

Untersuchungen zum Verlauf der Zwangserkrankungen haben ergeben, daß dieses Leiden bei 84 % der Erkrankten einen sehr hartnäckigen, langwierigen und in der Tendenz eher sich schrittweise mehr und mehr verschlechternden Verlauf zeigt (11).

Dieses ungünstige Bild vom spontanen Verlauf unbehandelter Zwangsstörungen wird noch einmal dadurch verschlechtert, daß häufig auch andere psychische Störungen hinzutreten und die Erkrankung komplizieren. 67 % beispielsweise leiden zusätzlich an depressiver Verstimmung.

Die verbreitete Skepsis gegenüber medikamentöser Behandlung bei Betroffenen wurde in vergangenen Jahrzehnten auch von Fachleuten geteilt. Es gab einfach keine in ihrer Wirksamkeit erprobten effektiven Medikamente. Bis in die 70er Jahre hinein wurden praktisch alle Psychopharmaka auch bei zwangskranken Menschen ohne nachhaltige positive Effekte versucht. Erst 1967 veröffentlichte ein spanischer Psychiater, Lopez-Ibor, erstmals positive Behandlungsergebnisse, als er ein Antidepressivum (Clomipramin) in hoher Dosierung als intravenöse Infusion eingesetzt hatte (4). In den 80er Jahren folgten vielfältige weitere Forschungen, die die Wirksamkeit von Clomipramin zur Verbesserung von Zwangshandlungen und Zwangsgedanken bei vielen, aber leider nicht allen Patienten belegten (8). Eine Forscherin des amerikanischen National Instituts of Health, Judith L. Rapoport, veröffentlichte die Untersuchungsergebnisse nicht nur in der wissenschaftlichen Fachpresse, sondern auch für Angehörige und Betroffene verständlich in einem Buch: The Boy - who couldn't stop washing (9, 10). Die Geschichte über die erfolgreiche Behandlung eines Jungen mit Clomipramin, der sechs Stunden am Tag mit Waschritualen verbrachte und gleichwohl immer von hartnäckigsten Zweifeln bezüglich seiner Sauberkeit geplagt wurde, erreichte viele Betroffene. Frau Rapoport verstand es unerhört einfühlsam an Zwangsstörungen Leidende anzusprechen, wissenschaftlich gesicherte Erfahrungen zu vermitteln, ein Tor der Hoffnung aufzuschließen. 1989 wurde Clomipramin von der amerikanischen Food and Drug Administration (FDA) zur Behandlung zwangserkrankter Jugendlicher und Erwachsener zugelassen. Es hatte in großen multizentrischen Studien sich als überlegen gegenüber Scheinbehandlungen mit Placebo erwiesen.

Wie wirken und wie wirksam sind Medikamente bei der Behandlung des Zwanges?

Die spezifischen Effekte des Clomipramins (im Vergleich zu anderen beim Zwangskranken unwirksamen trizyklischen Antidepressiva) gaben Veranlassung in den 80er und 90er Jahren zu einer Vielzahl weiterer Untersuchungen zur Aufklärung des Wirkmechanismus. Vorangeschickt werden muß, daß Forscher und Psychiater zwar heute viele einzelne Steine des Puzzle Zwangserkrankung kennen, aber diese zusammengesetzt kein völlig einheitliches Bild ergeben. Die Zwangsstörung ist, wie viele andere psychische Leiden auch, in sich offenbar recht unterschiedlich. Umgekehrt formuliert heißt dies, daß gleiche oder zumindest sehr ähnliche Zwangshandlungen und Zwangsgedanken bei verschiedenen Menschen auch verschiedene Ursachen haben können. Es gibt bei einem Teil Zwangskranker Hinweise auf erbliche Anlagefaktoren, aber eben auch wieder nicht bei allen. Ebenso zeigt sich bei manchen Patienten ein Zusammenhang zwischen der Zwangsstörung und bestimmten Eigenheiten ihrer Persönlichkeit auch schon vor dem Auftritt der Erkrankung. Schließlich gibt es auch Hinweise darauf, daß durchlaufende Infektionen und damit verbundene Abwehrreaktionen des Körpers bei einigen Menschen wesentliche Ursache einer späteren Zwangserkrankung sein können (2).

Ist in sich die Zwangsstörung hinsichtlich des Zustandekommens, der Ausprägung und des Verlaufs ein unterschiedliches Krankheitsbild, so liegt es auch nahe, daß das Ansprechen auf Medikamente unterschiedlich ist. Manche Menschen sind durch geeignete Medikamente völlig oder zumindest fast völlig beschwerdefrei, andere verspüren zumindest ein Nachlassen der quälenden Zwangsgedanken, müssen weniger häufig Zwangshandlungen ausführen und fühlen sich stimmungsmäßig gebessert. Sie gehören zu jenem vergleichsweise großen Personenkreis, der durch die Medikamente zwar eine Erleichterung erfährt, aber eben nicht "geheilt" ist. Schließlich gibt es aber auch Menschen mit Zwangsstörungen, die auf Medikamente nicht ansprechen.

Gemeinsamer Nenner in der Wirkung der heute bekannten Medikamente ist eine Beeinflussung eines wichtigen Botenstoffes im Gehirn, dem Serotonin. Spezifisch diesen Neurotransmitter beeinflussende Medikamente, wie das Fluvoxamin, das Fluoxetin, das Paroxetin und das Sertralin haben vergleichbar dem Clomipramin in vielfältigen Untersuchungen ihre positiven Effekte auf Zwangssymptome in klinischen Studien erwiesen. Bei der Einnahme dieser Medikamente kommt es - zumindest bei einem Gutteil der Erkrankten - nach 2 bis 6 Wochen zu einer mehr oder minder ausgeprägten Besserung der Symptome, die sich schrittweise noch in den ersten 2 bis 3 Monaten weiter fortsetzen kann.

Was hilft bei wem in welcher Dosis?

Es gibt leider keine rationale Handlungsanleitung für den Arzt, welches der genannten, das serotonerge System beeinflussenden Medikamente bei welchem Patienten wie wirkt. Einige Menschen sprechen auf die eine Substanz besser an als auf die andere, ohne daß man dies heute vorhersagen oder erklären könnte.

Die am längsten in ihrer Wirksamkeit bekannte Substanz für die Behandlung von Zwangserkrankung ist - wie bereits mehrfach erwähnt - das Clomipramin. Es liegt nahe, daß sich die neueren Medikamente, das heißt die selektiven Serotoninwiederaufnahmehemmer (SSRI) an diesem "Klassiker" messen lassen mußten. Folglich wurden dazu auch viele Studien durchgeführt. Letztlich ergab sich eine vergleichbare positive Ansprechrate. Beispielsweise erwies sich Fluvoxamin als genauso effektiv wie Clomipramin (6). Bedeutsame Unterschiede ergeben sich allerdings hinsichtlich der Nebenwirkungen. Unerwünschte Arzneimittelwirkungen zeigen sich bei verschiedenen Menschen verschieden. Generell ist allerdings zu sagen, daß viele der durch die Zwangserkrankung sehr gequälten Betroffenen die medikamentöse Behandlung sehr gut vertragen und keine oder zumindest wenig Beeinträchtigungen beschreiben.

Vergleicht man den "Klassiker" Clomipramin mit den neueren selektiven Serotoninwiederaufnahmehemmern, so ergeben sich Unterschiede: Clomipramin-behandelte Patienten klagen bis zu 20 % über einen trockenen Mund, in 16 % der Fälle über Verstopfung, bis zu 15 % über Übelkeit und 11 % beschreiben ein leichtes Zittern vor allem der Hände, was bei Arbeiten, die Geschicklichkeit erfordern, auch hinderlich sein kann. Dies führt naturgemäß in der Konsequenz dazu, daß die Betroffenen einmal häufiger entscheiden, die medikamentöse Behandlung abzubrechen, das heißt, sich in der Sprache der Fachleute nicht kompliant zu verhalten (1).

Die beschriebenen Nebenwirkungen, die bei einigen, aber nicht den meisten Patienten stark auftreten, sind am stärksten in den ersten Tagen nach Behandlungsaufnahme ausgeprägt und verlieren sich vielfach im Laufe der Zeit. Wir empfehlen deshalb mit den niedrigsten effektiven Dosen eine Therapie einzuleiten:

50 mg pro die	Clomipramin
50 mg pro die	Fluvoxamin
50 mg pro die	Sertralin
20 mg pro die	Fluoxetin
40 mg pro die	Paroxetin

Die bei einem kleinen Prozentsatz der mit SSRI behandelten Zwangskranken zu erwartenden Nebenwirkungen, wie Übelkeit, Brechreiz, Kopfdruck und Schlafstörungen, können manchmal vermindert werden, indem man die Resorption verzögert. Dies ist oft schon dadurch möglich, daß man das Medikament nach der Mahlzeit einnimmt, so daß durch die Vermengung mit dem

Speisebrei die Aufnahme in den Körper etwas verlangsamt erfolgt. Sollten Nebenwirkungen auftreten, so sind sie - wie bereits gesagt - in den ersten Tagen häufig stärker als später, wenn Adaptationsvorgänge im Organismus eingesetzt haben. Zudem sind unerwünschte Arzneimittelwirkungen dosisproportional, das heißt, sie werden bei Verringerung der Medikamentendosis auch geringer. Schließlich ist auch die Information für den Patienten wichtig, daß keine der unerwünschten Arzneimittelwirkungen bestehen bleibt, wenn das Medikament abgesetzt wird, und das Medikament und seine unter Umständen aktiven Stoffwechselprodukte gänzlich aus dem Organismus ausgeschieden sind. Es gibt keine heute bekannten negativen Langzeiteffekte, die ggf. zu einer andauernden Störung führen. Es gibt auch keine süchtige Abhängigkeit von diesen Medikamenten.

Wie hoch dosiert und wie lange wird das Medikament genommen?

Weil Zwangsstörungen sehr hartnäckige und quälende Erkrankungen sind, hat man anfangs von vorneherein auch die Behandlung höher dosiert, als es beispielsweise beim Einsatz dieser Medikamente bei Depressionen der Fall ist. Heute wissen Psychiater, daß dies nicht immer notwendig ist. Ein Gutteil der Patienten profitiert bei genügend zuverlässiger und hinreichend geduldiger Einnahme über Monate auch in den oben beschriebenen Dosisbereichen bereits vom Clomipramin und den selektiven Serotoninwiederaufnahmehemmern. Sollte sich aber nach 4 bis 6 Wochen der Medikamenteneinnahme kein Nachlassen von Zwangshandlungen und Zwangsgedanken abzeichnen, so sollte die Dosis schrittweise um ein 2- bis 3- faches gesteigert werden. Ein schnellerer Wirkeintritt kann manchmal bei durch die Zwangserkrankung sehr gequälten Menschen durch intravenöse Gabe, das heißt durch Infusionen, erreicht werden. Dies ist allerdings heute nur durch Gabe des Medikamentes Clomipramin (Präparatname "Anafranil") möglich (3). Bei diesen Infusionen werden bei uns an der Hans-Prinzhorn-Klinik und anderenorts die Dosen pro Tag unter Kontrolle, vor allem hinsichtlich kardialer Nebenwirkungen, vergleichsweise rasch gesteigert, so daß 150 - 250 mg Clomipramin täglich über einen Zeitraum von einigen wenigen Wochen infundiert werden und im Anschluß auf die (orale) Gabe von Tabletten umgestellt wird.
Zwangsstörungen sind hartnäckige Erkrankungen, folglich macht sich bei der überwiegenden Zahl Erkrankter eine Langzeittherapie erforderlich. Hierauf hat bereits der Frankfurter Psychiater Stephan Volk (13) hingewiesen. Die

meisten Menschen mit Zwangsgedanken und Zwangshandlungen müssen sich deshalb auf eine medikamentöse Behandlung über viele Monate und Jahre einstellen. Leider gibt es keine wissenschaftlich gesicherten Voraussagemöglichkeiten, bei welchem Menschen man wann einen Absetzversuch machen kann. Es gibt auch keine sicheren Aussagen darüber, ob für die medikamentöse Langzeitbehandlung in jedem Fall die volle wirksame Dosis kontinuierlich genommen werden muß, oder ob es ohne Rückfall möglich ist, die Dosis im Laufe der Zeit zu verringern. Einzelne Menschen brauchen kontinuierlich eine Fortführung in höherer Dosis, andere kommen auch mit weniger als der ursprünglich erforderlichen Menge des Medikamentes aus. Letztlich kann beim heutigen Stand gesicherten Wissens nur empfohlen werden, im vertrauensvollen und engen Kontakt mit dem behandelnden Arzt, in einer guten und stabilen Lebens- und Krankheitsphase einen behutsamen Versuch zu unternehmen, das Medikament zu reduzieren, ggf. auch später ganz abzusetzen. Dieses in der Ambulanz der Hans-Prinzhorn-Klinik praktizierte Vorgehen bei der Langzeitbehandlung wird auch durch entsprechende wissenschaftliche Studien, z.B. über die vorbeugende Langzeitgabe von Fluvoxamin und Clomipramin bestätigt (7).
Die medikamentöse Akut- und Langzeitbehandlung kann und sollte auch mit Psychotherapie kombiniert werden. Dies zeigen zum einen die Erfahrungen, die von uns und anderenorts mit vielen Patienten gesammelt wurden, und zum anderen gibt es Belege in Studien (12).
Bei den ersten Kontakten Zwangskranker mit dem Nervenarzt und Behandlungseinrichtungen, die über spezielle Erfahrungen in der teilstationären und stationären Behandlung von Zwangsstörungen verfügen, stellt sich häufig die Frage medikamentöse und/oder Psychotherapie. Wir empfehlen häufig ein sowohl als auch. Dies einmal mehr deshalb, weil es den "einen" Königsweg zur Überwindung der Erkrankung leider ohnehin nicht gibt. Zum anderen spricht für den Einsatz des Medikamentes häufig auch das quälende Ausmaß der Symptomatik, was eine effiziente Mitarbeit in der Behandlung zumindest erschwert, und manchmal ist es auch einfach so, daß ein Psychotherapieplatz ohnehin noch eine Zeit auf sich warten läßt. Diese Zeit sollte sinnvoll genutzt werden, um die medikamentöse Behandlung einzuleiten.

Was tun bei Versagen der medikamentösen Behandlung?

Hat ein mehrwöchiger Behandlungsversuch mit Clomipramin oder einem selektiven SSRI nicht den erwarteten Erfolg gezeigt, brachte auch eine Steigerung in der Dosis keine Linderung des Leidens, so ist die Umsetzung auf eine andere Substanz gerechtfertigt. Wiederum ist ein gleiches Ausmaß von Geduld vom Patienten gefordert, da auch dieses neu eingesetzte Medikament seine Zeit zur vollen Entfaltung der Wirkung braucht. Darüberhinaus gibt es auch einige Möglichkeiten, die Wirkung durch die Zugabe weiterer Substanzen (Augmentation) zu verstärken. Wie so oft bei der Behandlung von Zwangsstörungen ist manches leider auch mit negativem Resultat ausprobiert worden. Weil auch auf das serotonerge System wirksam, richtete sich die Aufmerksamkeit zunächst auf Lithium und Buspiron, leider ohne gesicherte Resultate (5). Erfolgversprechender für Menschen, die nicht oder nur unzureichend von SSRI profitieren (sogenannte SSRI-Refraktory Patients), ist eine Kombination serotonerg wirksamer Substanzen mit Medikamenten, die zudem einen weiteren Neurotransmitter, das Dopamin, beeinflussen. Wir empfehlen in diesem Fall eine Kombinationsbehandlung, beispielsweise durch die zusätzliche Gabe von Risperidon oder Olanzapin. Stephan Volk beschreibt auch Einzelfälle aus der Praxis über die erfolgreiche Kombination zweier verschiedener SSRIs miteinander (14). Einige neuere Substanzen wie Venlafaxin, das sowohl die Rückresorption von Serotonin als auch Noradrenalin inhibiert, und auch Nefazodon, ein Serotoninagonist, sind bislang noch nicht in kontrollierten Studien untersucht. Auch sie bieten möglicherweise Entwicklungschancen für die Zukunft.

Resümierend bleibt die Feststellung, daß in den letzten beiden Jahrzehnten sowohl psychotherapeutisch als auch psychopharmakologisch Türen zu wirksamen Behandlungsansätzen bei Zwangsstörungen geöffnet wurden. Neue Wege konnten beschritten werden zum Wohle vieler, aber leider nicht aller Patienten. Clomipramin und SSRI haben heute einen gesicherten Platz in den Behandlungsstrategien, öffnen Wege aus dem Labyrinth, den Verstrickungen quälender Zwangsgedanken, verbessern die Lebensqualität und bieten häufig einen Schutz vor dem Rückfall in erneute Krankheitsphasen. Rituale, einmal als "Inneres Geiseldrama" beschriebene Qualen des Zwangskranken, sind manchmal durch Medikamente völlig zu überwinden, oft zumindest zu lindern (15). Leider hat das innere Geiseldrama des Zwangskranken häufig aber auch viele Verstrickungen, und der Krankheitsverlauf schlägt immer wieder neue Kapitel auf. Insofern bleibt noch sehr viel zu tun in Forschung und Klinik, um möglichst allen Patienten wirksam zu helfen.

Literatur

1. Bisserbe JC, Lane RM, Flament MF et al (1997) A double-blind comparison of sertraline and clomipramine in outpatients with obsessiv-compulsive disorder. Eur Psychiatry 153: 1450-1454
2. Khanna S, Ravi G, Shenoy PK et al. (1997) Cerebrospinal fluid viral antibodies in obsessive-compulsive disorder in Indian population. Biol. Psychiatry 41: 883-890
3. Koran LM, Sallee FR, Pallanti S (1997) Rapid benefit of intravenous pulse loading of clomipramine in obsessive-compulsive disorder. Amer J Psychiatry 154: 396-401
4. Lopez-Ibor JJ, Fernandez-Cordoba E (1967) La monoclomimipramina en enfermos resistentes a otros Tratamientos. Actas Uso Ep Neurol Psychiat 16: 119 - 147
5. Mc Dougle CJ (1997) Update on Pharmacologic Management of OCD: Agents and Augmentation. J Clin Psychiatry 58 (Suppl 12) 11-17
6. Milanfranchi A, Ravagli S, Lensi P et al. (1997) A double-blind study of fluvoxamine and clomipramine in the treatment of obsessive-compulsive disorder. Int Clin Psychopharmacol 12: 131-136
7. Mundo E, Bareggi SR, Pirola R et al. (1997) Long-term pharmakotherapy of obsessive-compulsive disorder: a double-blind controlled study. J Clin Psychopharmacol 17: 4-10
8. Rapoport JL (1988) The neurobiology of obsessive-compulsive disorder. JAMA 260: 2888-2890
9. Rapoport JL (1989) The Boy, who couldn't stop washing. Penguin Books New York London
10. Rapoport JL (1993) Der Junge, der sich immer waschen mußte. MMV Verlag München
11. Rasmussen SA, Eisen JL (1990) Epidemiology of obsessive - compulsive disorder. J Clin Psychiatry 51 (Suppl 2): 10-13
12. van Balkom AJ, van Oppen JLM, Vermeulen P et al. (1994) A meta - analysis on the treatment of obsessive compulsive disorder: A comparison of antidepressants, behavior and cognitive therapy. Clin Psychol Rev 14: 359-381
13. Volk S (1994) Pharmakotherapie und Zwangskrankheit in Süllwold L, Herrlich J, Volk S (Hrsg) Zwangskrankeiten. Psychobiologie, Verhaltenstherapie, Pharmakotherapie. Kohlhammer Stuttgart: 104-136
14. Volk S (1998) Die Zwangsstörung und ihre Behandlungsmöglichkeiten in Gosciniak HT, Osterheider M, Volk S, Angst - Zwang - Depression. Stuttgart, New York, S. 71-93

15. *Trenckmann U, Mösl R (1995) Zwangserkrankung - Das innere Geiseldrama. Psychogen Verlag Dortmund*

"Solitude - Bilder zwangserkrankter Menschen"

P. Bettzieche

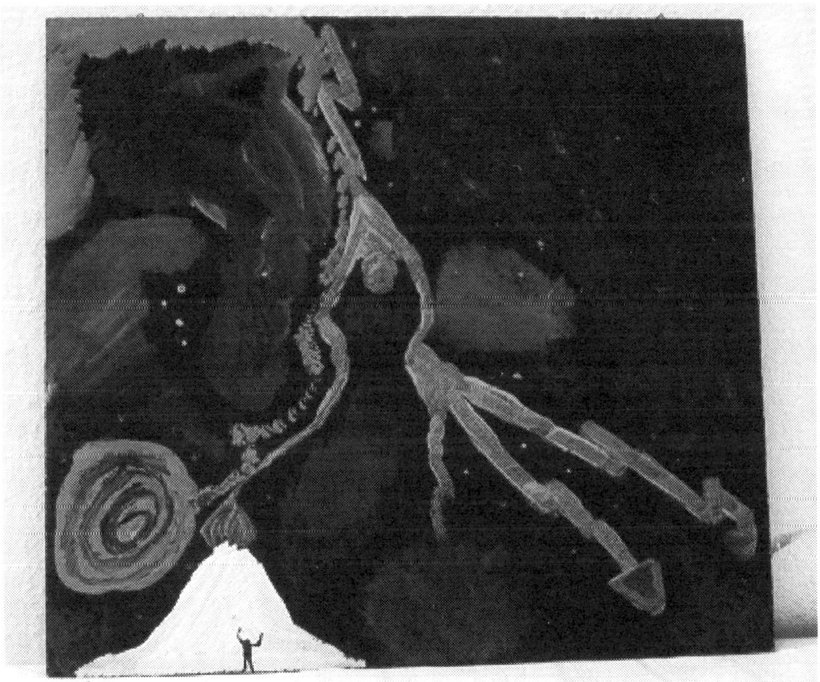

Sie sehen ein Bild von einem zwangserkrankten Menschen, das er im Rahmen seiner Behandlung in der Kunsttherapie unserer Klinik gemalt hat.
Einige von Ihnen erwarten jetzt einen Vortrag über Kunst und Kunsttherapie von und mit zwangserkrankten Menschen. Ich muß Sie enttäuschen, so einen Vortrag werde ich nicht halten, obwohl die Gelegenheit dazu gut wäre.
Es soll jetzt nicht um Kunsttherapie oder Kunst, sondern um Bilder von Menschen gehen, die im Laufe der Zeit, die ich sie begleiten durfte, gemalt haben und - das ist das interessante - nicht oder fast nicht mit mir über diese Arbeiten sprachen. Der Schöpfer des Bildes, das ich für meine kleine Ansprache als Beispiel aus den Werken der Ausstellung ausgewählt habe, hat im Laufe von 5 Monaten viele Bilder gemalt, aber nur drei Sätze über seine Werke gesagt.

"Für mich ist Malen wie ein Befreiungsschlag. Es ist die düstere Welt, in der ich lebe. Es sind namenlose Gestalten."

Das war alles!

Seit im Rahmen des Kongresses die Presse da ist, redet er mehr über seine Bilder, was ich als Therapieerfolg werte. Zur Zeit ihrer Entstehung war das nicht so. Arbeitsgespräche zu irgendwelchen Terminen kamen aus wirklichen oder vorgeschobenen Gründen nicht zustande, zufällige Kurzkontakte im Atelier blieben ungenutzt. Das kann ich als Therapeut mit dem Patienten thematisieren, mit ihm darüber reden, warum es nicht klappt, wenn ich ehrlich bin, ärgere ich mich auch darüber, daß ich immer wieder versetzt werde - oder ich kann sagen: der Patient läßt die Bilder für sich sprechen, sie sollen unkommentiert bleiben.
Wenn die Menschen selbst über ihre Bilder nichts gesagt haben, warum sollte ich dann jetzt etwas über die Bilder sagen, über die Menschen, von denen sie sind, über die Kunsttherapie oder die Kunst, denn als Kunstwerke kann man diese Bilder zweifellos bezeichnen?
Malen ermöglicht die Veranschaulichung innerer Bilder: Zustände, Gefühle, Szenarien usw. Die Veräußerlichung schafft eine gewisse Distanz zu den dargestellten Aspekten des Selbst. Das Gestaltete wirkt auf Betrachter oder Betrachterin, läßt sie vieles entdecken, was im direkten, verbalen Dialog verborgen geblieben wäre. Die Bilder sagen Unsagbares, sprechen für sich. Warum sollte ich dann etwas über die Bilder sagen, wäre es nicht eine Anmaßung?
Die symbolische Dimension birgt eine über Rationalität hinausgehende Kraft der Transformation - über das Malen arbeite ich auf symbolischer Ebene an

dem Innern eines Menschen, kann Veränderungsprozesse in Gang bringen. Warum muß ich diese Prozesse verbalisieren?
Sprache ist ein Medium, ein Ausdrucksmittel, wie andere auch, - zugegeben in unserer Gesellschaft sicherlich das favorisierteste. Zweifelsohne ist es jedoch so, daß eine Beschränkung auf das Medium Sprache einer Verstümmelung der menschlichen Möglichkeiten gleichkommt. Malen / künstlerischer Ausdruck ist eine zutiefst menschliche Möglichkeit. Diese nicht zu nutzen kommt dem Fahren eines Porsche ausschließlich im ersten Gang gleich.
Eigentlich ist es überflüssig, über ein Bild etwas zu sagen, es spricht für sich, in seiner eigenen Sprache, sagt seine eigenen Inhalte, auf seine Weise, hat eine Interpretation, eine Verbalisierung des Dargestellten, nicht nötig.
Dennoch will ich es tun, will über dieses eine Bild aus der Ausstellung etwas sagen, ich habe es exemplarisch herausgenommen. Ich will Ihnen sagen, was mich bewegt, wenn ich dieses Bild ansehe, rede quasi nicht über das Bild, sondern über mich, das was in mir geschieht, was es in mir auslöst, wenn ich es betrachte, mir Zeit nehme, mich wirklich auf es einzulassen. Und wenn ich dies tue, mag es vielleicht der oder dem einen oder anderen von Ihnen den Zugang zu diesen Bildern erleichtern.

Betrachten wir nun das Bild:

Ein bedrohliches Bild.
Mein Blick fällt zuerst auf einen weißen Fleck, in dem ein kleines, menschliches Wesen, hilfesuchend die Arme nach oben streckt.
Schrecklich diese Bedrohung, düster gefahrvoll, Fratzen lauern in der Dunkelheit, ein blitzartiges Wesen fährt vom Himmel durch die dunkle Nacht, bringt Licht und Zerstörung gleichzeitig mit sich.
Die Farben sind unrein, verdreckt, schäbig.
Das Grün - die Farbe des Lebens, der Hoffnung, der Lebenskraft, der Frische - leuchtet nicht.
Das Blau - die Farbe der vielen Möglichkeiten, der Klarheit, der Farbe, die sonst die Weite in ein Bild bringt - sie bietet kaum einen Hoffnungsschimmer.
Auch das Gelb - die Farbe des Ich - ist von Grau getrübt.
Rot - die Farbe der Liebe und Lust, des Feuers im Leben - sie lodert nicht.
Alles ist trübe. Wenn ich mich auf die Farben einlasse, breitet sich ein beklemmendes Gefühl in mir aus. Ich frage mich, ob es denn keine Hoffnung gibt.
Dann sehe ich die unendliche Weite des Weltalls im Hintergrund, die Sterne scheinen an einigen Stellen durch, weit entfernt und doch zum Greifen nahe.

Viele unausgereifte Formen, Amöben gleich, warten darauf, gestaltet zu werden - und gleich kommt wieder die Angst, wird es diesmal ein rettender Engel werden oder wird es wieder eine weitere Bedrohung, ein weiteres Monster in der unendlichen Reihe, das mir keine Ruhe läßt?
Dann taucht die Frage in mir auf, wer der Künstler im Bild ist? Ist er das kleine Wesen unten im weißen Schein? Oder ist er der graue Wirbelwind auf der linken Seite? Oder die grüne Fratze, die bedrohlich und sorgenvoll zugleich auf das kleine Wesen hinab blickt?
Mein Blick wandert zurück zu der kleinen Gestalt und auf einmal sehe ich sie mit anderen Augen. Ich sehe sie nicht als das hilfesuchende, menschliche Wesen, jetzt ist es ein Mensch, der beschwörend die Arme nach oben erhebt, wie ein Zauberer, der magische Formeln sprechend ein furchterregendes Szenario in den Himmel wirft - eine Allmachtsphantasie. Hier hat jemand - gewollt oder ungewollt - mit Macht gespielt, etwas geschaffen, eine Welt erschaffen, in der er lebt, die ihn ruiniert, die er nicht mehr beherrscht.
Ein Satz fällt mir ein: "Geister die ich rief, werd' ich nicht mehr los."
Wenn ich mich auf das Bild einlasse, es in Ruhe betrachte, spüre ich sein Leid, wie er gleichsam Hilfe rufend und beschwörend die Arme in die Höhe wirft. Das berührt meine Seele. Das kleine Wesen, das einen Himmel voller Katastrophen erschaffen hat, in seiner Not diesem nicht entrinnen kann, das berührt mich tief.

Auch, wenn all das Gesagte das ist, was in mir entsteht, wenn ich das Bild ansehe und mit Sicherheit, wenigstens zum Teil von dem, was es in dem Künstler bewegt, abweicht, kommt doch viel von der ausweglosen Situation, der er nicht entfliehen zu können scheint und in die er sich immer wieder selbst hineinstürzt, an. Er ist Erschaffer, Leidender und gleichzeitig Beobachter der ganzen Szenerie, welch eine furchtbare Situation und doch so typisch für zwangserkrankte Menschen!

Mag diese Ausstellung als nonverbaler Beitrag zu diesem Kongreß mit Bildern, die Betrachter und Betrachterinnen berühren, Bildern, in denen sich zwangserkrankte Menschen zeigen, mag diese Ausstellung helfen, das Leid dieser Menschen publik zu machen, auf daß sie sich zusammenfinden, auch mit TherapeutInnen, um gemeinsam den Weg zu suchen aus dieser finsteren Welt.

Zur Familiendynamik bei zwangserkrankten Kindern und Jugendlichen und deren Bedeutung für die Therapie

U. Knölker

Auf einen Übersichtsartikel mit dem Titel „Besonderheiten der Zwangsstörungen bei Kindern und Jugendlichen", den ich für die Zeitschrift *Z aktuell* verfaßt hatte, bekam ich von einem betroffenen Vater einen bitterbösen Brief. Unter Berufung auf die neueste Literatur führte er aus, „kein ernstzunehmender Wissenschaftler kann mehr bestreiten, daß die moderne Hirnforschung eindeutig primär biologische Ursachen für das Entstehen von Zwangserkrankungen festgestellt hat". Er bezeichnete es als Psycho-Unsinn, wenn man Familienmerkmale und Erziehungspraktiken mit berücksichtige, denn es sei heute davon auszugehen, „daß die biologische Grunderkrankung früher oder später zum Ausbruch der Zwangserkrankung führt, und zwar gleichgültig, wie die Eltern ihre Kinder erziehen oder nicht erziehen". Nun sind uns Psychotherapeuten derartige aggressive Widerstände nicht fremd und wir wissen sie als Abwehrmechanismen gegen Schuldgefühle und Angst vor Schuldzuweisungen zu deuten. Zumindest muß es uns aber auch nachdenklich machen, wenn es dazu führt, daß Betroffene und Laien durch sicher verdienstvolle Aufklärungsbroschüren eine reduktionistische Sichtweise propagieren, in der Weise, daß eine Zwangserkrankung ein rein biologisches Problem sei.
Die Familie spielt in der Literatur über erwachsene Zwangskranke eine eher untergeordnete Rolle, somit auch die Familientherapie (9), dagegen werden vermehrt Ehepartner oder Bezugspersonen als Co-Therapeuten einbezogen oder gelegentliche Familienberatungen durchgeführt (2, 7, 8, 11).

Bei Kindern und Jugendlichen, die ja viel enger in den Familienverband eingebunden sind und von diesem vor allem abhängig sind, spielen naturgemäß familiäre Aspekte eine ungleich größere Rolle. Lassen Sie mich durch einige kurze Fallbeispiele Ihr Augenmerk darauf richten, zu welchen zum Teil bizarren Interaktionen es zwischen zwangskranken Kindern und Jugendlichen und ihren Familien kommen kann:

Ein 14jähriges Mädchen bestand bei ihren Toilettengängen darauf, daß die Großmutter vor der geöffneten Tür Wache stand und bis zu zehn Toilettenpapierrollen bereithielt, da es sich nicht sicher war, sich sauber abgeputzt zu haben. Wenn die Großmutter sich weigerte mitzuspielen, fing das Mädchen an, ohrenbetäubend zu schreien oder auch die Großmutter tätlich anzugreifen. Diese Zwangsrituale hielten schon fast zwei Jahre an.

Ein 13jähriges Mädchen mit einem Fragezwang ließ sich bis zu 250mal am Tag von der Mutter bestätigen, daß sie nicht dumm sei. Der erzwungene Dialog „Bin ich dumm?", „Nein, du bist nicht dumm", zog sich manchmal über Stunden hin. Infolge nervlicher Überbelastung mußte die Mutter ihre Halbtagsstelle aufgeben.

Ein 17jähriger Jugendlicher, der sich von den Arbeitern der väterlichen Brauerei verunreinigt fühlte und deswegen unter bis zu acht Stunden dauernden Dusch- und Waschzwängen litt, verlangte von seiner Mutter und seiner Tante, daß sie während seiner Duschrituale sich vor dem Badezimmer aufhielten und Waschutensilien und Handtücher bereithielten. Wurden seine Forderungen nicht erfüllt, fing er laut an zu schreien und bedrohte sie tätlich.

Ein 15jähriger Junge litt seit über zweieinhalb Jahren an Waschzwängen aufgrund einer Verseuchungsfurcht. Durch beständiges Fragen, ob er mit diesem oder jenem Gegenstand, den er für verseucht halte, in Berührung gekommen sei, bezog er zunehmend die ganze Familie ein, die diesem Gebaren mit wachsender Verständnislosigkeit begegnete. Die Geschwister hielten sich bald zurück und mieden den Kontakt zu ihm. Der Vater war beruflich bedingt kaum präsent, so daß die Mutter ab Mittag vollauf damit beschäftigt war, auf die Zwänge des Sohnes einzugehen.

Ein Beispiel: Der Junge kommt mittags im Anorak von der Schule und geht auf Knien und mit eng angewinkelten Armen durch die Tür, um den Türrahmen nicht zu berühren. Er fragt dann die Mutter unzählige Male, ob er die Tür tatsächlich nicht berührt hat, und da ihm ihre zahlreichen „Neins" seine Zweifel nicht ausräumen, verlangt er von ihr, mit einem Zollstock nachzumessen, wie weit der Abstand zwischen ihm und dem Türrahmen war. Des weiteren verlangte er von ihr, den gesamten Inhalt des Wäscheschrankes neu zu waschen und zu bügeln, da dieser verseucht sei. Die Mutter tat dies, wohl wissend, daß die gesamte Wäsche erst frisch gewaschen und gebügelt war, und verschwand für den Rest des Nachmittags im Keller. Dauer dieser Martyrien: über ein Jahr.

Eine Mutter kam nach einem mehrwöchigen Aufenthalt in einer psychiatrischen Klinik wegen einer Depression zu mir und berichtete, daß sie Angst habe, nach Hause zu gehen, weil ihr 17jähriger Sohn sie dann wieder traktieren würde. Dieser hatte seit einem Jahr ein ungewöhnliches Zwangsritual entwickelt, in das er ausschließlich seine Mutter einbezog. Er verbrachte stundenlang vor dem Spiegel und ordnete jedes einzelne Haar, lief dann der Mutter hinterher und fragte sie unzählige Male, ob seine Haare auch schön wären. Die Mutter sah sich außerstande, sich dagegen zu wehren, und auch der Vater, ein sanfter, stiller Mensch, wußte sich nicht zu helfen. Da der Junge sich strikt weigerte, zu mir zu kommen, und auch einen Hausbesuch ablehnte, hab ich einige Elternberatungen durchgeführt. Es erwies sich jedoch, daß die Eltern mit der Symptomatik nicht umgehen konnten, so daß die Mutter einige Wochen später erneut stationär behandelt werden mußte. Den Jungen habe ich bis heute nicht gesehen.

Es drängt sich die Frage auf, was sind denn das für Familien, die bis zur Selbstaufgabe und Dekompensation sich in die Symptomatik ihrer Kinder involvieren lassen, sich in geradezu tyrannischer Weise von ihnen herumkommandieren lassen, was hemmt sie, und das manchmal über Jahre hinweg, professionelle Hilfe anzunehmen, zumal doch der Leidensdruck zugegebenermaßen übermäßig groß bis fast unerträglich zu sein scheint?

Wenden wir uns zunächst den Familienmerkmalen und Erziehungspraktiken von Familien mit zwangskranken Kindern und Jugendlichen zu, wie sie in der Literatur immer wieder beschrieben wurden. YARYURA-TOBIAS und NEZIROGLU (13) stellen in ihrer neuesten Studie 1997 folgende Familienmerkmale zusammen:

- Die Familienmitglieder 1. Grades haben höhere psychopathologische Auffälligkeiten
- Eltern neigen zu Angst, over-protection und zwanghaftem Verhalten
- Strenge, autoritäre Erziehung
- Patienten beziehen Eltern fordernd in ihre Zwänge ein
- Eltern haben eine hohe Erwartung an Leistung und Karriere ihrer Kinder
- Andere Eltern seien eher abweisend und wenig warmherzig
- Übermäßiger Stellenwert von Sauberkeit und Perfektionismus
- Zwänge provozieren übermäßig viel Kritik und Frustration in der Familie

In einer eigenen Studie (5) fanden wir noch als zusätzliche Familienmerkmale

- Mangel und Abwehr von Spontaneität mit Neigung zum Rationalisieren
- Strenge Religiosität
- Überanpassung
- Eingeschränkte Kontaktfähigkeit mit sozialen Isolierungstendenzen
- Tabuisierung von Sexualität

Häufig waren auch symbiotische Mutter-Kind-Beziehungen und ein verwöhnender, einengender oder unsicherer und inkonsequenter Erziehungsstil bei den Müttern, während bei den Vätern autoritäre, restriktive, aber auch unsichere und permissive Haltungen dominierten (10). KANNER (4) sprach von einer „Überdosis elterlichen Perfektionismus", mit der diese Kinder erzogen würden.

ADAMS (1) fand, daß die Familien oft sprachgewandt seien und Wert auf gute Umgangsformen und konventionelle Korrektheit legten. Sehr wichtig war ihnen, daß jeder in der Familie sich zurückhaltend, angepaßt und gemäßigt verhielt. Die Mütter beschrieb er als energisch, die Wert auf edle Charakterzüge legten, während die Väter als schwach und defensiv beschrieben wurden.

Die hier aufgezeigten Persönlichkeitsmerkmale der Eltern und deren Erziehungspraktiken können bei den meist ängstlichen, überangepaßten und/oder primär anankastischen Persönlichkeitsstrukturen der Kinder besonders ab der Pubertät zu Hemmungen von motorischen, aggressiven und sexuellen Impulsen, zu Fehlverarbeitung von Trennungserlebnissen und Autonomiebestrebungen sowie zu Spaltungen zwischen Verstandes- und Gefühlsebene führen (5).

LENANE (6) weist auf die Auswirkungen der Zwangssymptomatik des Kindes auf die Familie und das Umfeld hin. Die Mutter sei am meisten mit dem zwangskranken Kind involviert. Sie kenne die Schwächen des Kindes am besten und fühlt sich mehr betroffen, aber auch verantwortlich, oft auch schuldig. Der Vater habe normalerweise weniger Kontakt zu seinem Kind, sei über die Symptomatik verwirrt, neige zu analytischen und quasi-objektiven Beurteilungen. Zwischen den Ehepartnern gebe es wenig gegenseitige Unterstützung, stattdessen gegenseitiges Tadeln und Abwerten, ständiges Argumentieren über die beste Strategie. Die Folge hiervon sei ständiger Distress und Streitbeziehungen, die die Ehe zunehmend belasteten. Zusätzlich werde die Familie belastet durch ein mangelndes Verständnis von Seiten des Umfeldes. Untaugliche, hilflose Ratschläge und Kritik verschärften noch den Druck auf die Eltern. Als weitere Stressoren führt sie an:

- Die Heimlichtuereien der betroffenen Kinder
- Die ständige Einbeziehung der Familie in die Zwänge.

Nicht zuletzt trage auch die Unkenntnis der professionellen Helfer über Zwangsstörungen bei Kindern und Jugendlichen erheblich zur Belastung der ganzen Familie bei.
Relativ selten finden sich in der Literatur Untersuchungen darüber, welche Auswirkungen die Zwangskrankheit eines Kindes auf die Geschwister hat. LENANE (6) führt hierzu aus, daß diese sich oft zurückgesetzt und nicht genug beachtet fühlen, sie fühlen sich ungeliebt, halten das Familienleben für zerstört und begegnen dem kranken Geschwister mit Eifersucht und Haß.
Die Autorin hält daher Geschwisterunterstützungsgruppen (sibling support groups) für sinnvoll.
Die eingangs kurz umrissenen Fallbeispiele haben deutlich gemacht, daß besonders die Eltern bei zwangskranken Kindern und Jugendlichen fast immer sehr stark in die Zwangssymptomatik einbezogen werden, ja, daß die Patienten dies oft in aggressiver, geradezu tyrannischer Weise von ihnen fordern und sogar tätlich aggressiv werden können, wenn die Eltern sich nicht einbinden lassen oder ihre Zwänge zu unterbrechen versuchen.
Nicht zu unterschätzen in diesem Zusammenhang sind die Machtgefühle, die viele Kinder- und Jugendliche bei der Einbindung der Familie in ihre Zwangshandlungen empfinden. Ein Jugendlicher, der sich sehr lange gegen eine handlungsorientierte Verhaltenstherapie gewehrt hatte, sagte mir: „Die Vorteile meiner Zwänge überwiegen eindeutig. So viel Macht über meine Familie hatte ich nie und werde ich nicht wieder haben, wenn ich die Zwänge aufgebe". Es ist also sinnvoll, sein Augenmerk sehr sorgfältig auch auf die Bedeutung und den Sinn des Widerstandes, der ambivalenten Therapiemotivation und eines möglichen Krankheitsgewinns bei Patient und Familie zu richten.
NARDONE (8) fomulierte als Fixpunkte für die Familienberatung folgende Thesen:
- Wie ist die Funktionalität des Symptoms im Rahmen der Familienbeziehungen?
- Daran denken, daß das Symptom dem Gleichgewicht der Familie dient.
- Gewinnen der Eltern durch die Erhebung in den Rang des Co-Therapeuten
- Wahrnehmung des innerfamiliären Beziehungssystems.
- Positive Verstärkung der Eltern.
- Vermeiden jeglicher Schuldzuweisungen.

- Ermutigung der Eltern, sich unabhängig zu machen vom Problem des Kindes, das sie in die Hände des Therapeuten übergeben sollen.
- Vermitteln von Hoffnung und Zuversicht, auch unter Einsatz von Ironie.

STEKETEE (11) empfiehlt, ehe die Eltern als Co-Therapeuten eingesetzt werden, jedes Familienmitglied sorgfältig zu überprüfen in bezug auf die persönlichen Krankheitskonzepte, auf eigene Ressourcen, um feststellen zu können, ob sie als Co-Therapeuten auch hilfreich sein können oder eher schädlich. Falls die Eltern nicht geeignet sein sollten, solle besser eine Einzeltherapie oder eine stationäre Behandlung mit wenig Einflußnahme der Familie erfolgen.
Ich hatte schon darauf hingewiesen, daß die Einbeziehung der Familie in das Gesamtbehandlungskonzept nach Möglichkeit angestrebt werden soll. Es muß aber unbedingt vermieden werden, den Eltern Schuldzuweisungen zuzuschreiben oder deren Schuldgefühle zu verstärken.
Jeder, der zwangskranke Kinder und Jugendliche in der Klinik als Therapeut oder Betreuer behandelt hat, weiß, wieviel Verständnis, klare Strukturvorgaben, Konsequenz und Belastbarkeit erforderlich sind, um damit umzugehen. In der Gegenübertragung sieht sich der Therapeut nicht selten einem enormen Druck von Seiten des Patienten und seiner Familie ausgesetzt. Er steht in dem Konflikt, sich zu unterwerfen oder in aggressives Agieren zu verfallen (12), was beides nicht weiterhilft.
Wir haben einige Leitlinien beim Umgang mit jugendlichen Zwangskranken im Stationsalltag und im Elternhaus entworfen, die sich bewährt haben (s. Tabelle 1)
DÖPFNER (3) hat prägnant einige familienzentrierte Interventionen zusammengestellt, die als Richtlinien gelten können zur Durchführung einer Verhaltenstherapie (s. Tabelle 2).
Die Verhaltenstherapie gilt heute als Mittel der Wahl bei der Behandlung von Zwangsstörungen. Bei Kindern und Jugendlichen ist diese jedoch oft erst durchführbar nach tiefenpsychologischer Abklärung des Stellenwertes des Symptoms im familiären Kontext, der Widerstandsanalyse, des Krankheitskonzeptes und -erlebens, der Persönlichkeitsstruktur, der zugrundeliegenden Konflikte und des Krankheitsgewinns. Das ist keine leichte Aufgabe.
Lassen Sie mich schließen mit einem Goethe-Wort: „Alles ist einfacher, als man denken kann, zugleich verschränkter, als zu begreifen ist".

Tab. 1: Therapeutisch-pädagogische Leitlinien beim Umgang mit jugendlichen Zwangskranken im Stationsalltag und im Elternhaus

– Zwangssymptome als Krankheit akzeptieren, aber darauf dringen, daß sie sozial erträglicher werden
– Mitagieren und Einsteigen in die Zwangssymptome vermeiden
– Vermeidungsverhalten der Patienten unterbinden
– Realitätsbezug herstellen
– Gegenübertragungsphänomene erkennen und im Team bearbeiten
– Dem Bedürfnis der Zwangskranken nach Unterordnung, Überanpassung und Abhängigkeit nicht nachgeben
– Bestrafungen und Abwertung der Zwangssymptome vermeiden

Tab. 2: Familienzentrierte Interventionen (Döpfner 1993)

– Familiengespräche über die Zwangsstörung und ihre Auswirkungen auf die Familie und Erfahrungen mit bisherigen Bewältigungsversuchen in der Familie sowie über andere Probleme und Konflikte in der Familie.
– Erarbeitung eines gemeinsamen angemessenen Krankheitskonzeptes und Begründung von familienzentrierten Interventionen.
– Kontinuierliche Beobachtung und Aufzeichnung der Symptomatik durch den Patienten und eventuell auch durch Bezugspersonen.
– Aufbau von regelmäßigen gemeinsamen angenehmen familiären Interaktionen, die durch das Auftreten von Zwangssymptomen beendet werden.
– Verminderung der elterlichen Unterstützung und Zuwendung bei der Durchführung von Zwangshandlungen.
– Verminderung der elterlichen Unterstützung bei der Vermeidung von Situationen, die die Zwangssymptomatik auslösen.
– Positive Verstärkung von adäquaten Bewältigungsbemühungen des Patienten und von Symptomreduktion.

Literatur

1. *Adams P (1973) Obsessive Children: A sociopathic study. Brunner/Mazel: New York*

2. *Baer L (1993) Alles unter Kontrolle. Zwangsgedanken und Zwangshandlungen überwinden. Huber: Bern, Göttingen, S. 236-251*
3. *Döpfner M (1993) Zwangsstörungen. In: Steinhausen, H.-C., von Aster, M.: Handbuch Verhaltenstherapie und Verhaltensmedizin bei Kindern und Jugendlichen. Beltz Psychologie Verlagsunion: Weinheim, S. 267-305*
4. *Kanner L (1957) Child Psychiatry. L. C. Thomas Publishers: Springfield, pp. 638-648*
5. *Knölker U (1987) Zwangssyndrome im Kindes- und Jugendalter. Verlag f. Med. Psychologie im Verlag Vandenhoeck & Ruprecht: Göttingen, S. 69-83*
6. *Lenane U (1989) Families and Obsessive-Compulsive Disorder. In: Rapoport, J. L.: Obsessive-Compulsive Disorder in Children and Adolescents. American Psychiatric Press: Washington, pp. 237-249*
7. *Livingston B, Rasmussen S (1989) Learning to Live with OCD. Published by Butler Hospital, Providence R. I., pp. 7-12*
8. *Nardone G (1997) Systemische Kurztherapie bei Zwängen und Phobien. Huber: Bern, Göttingen, S. 208 ff*
9. *Reinecker HS (1991) Zwänge. Diagnosen, Theorien und Behandlung. Huber: Bern, Göttingen, S. 61-62*
10. *Schwab JJ, Humphrey L (1996) Zwangserkrankungen und Familie. In: Nissen, G. (Hrsg.): Zwangserkrankungen - Prävention und Therapie, S. 155-166, Huber: Bern, Göttingen*
11. *Stetekee GS (1993) Treatment of Obsessive-Compulsive Disorder. The Guilford Press: New York, London, S. 100-102*
12. *Wiesse J (1998) Zur Gegenübertragung in der psychoanalytischen Therapie von Kindern und Jugendlichen mit Zwängen. Prax. Kinderpsychol. Kinderpsychiat 47: 63-65*
13. *Yaryura-Tobias JA, Neziroglu FA (1997) Obsessive-Compulsive Disorder Spectrums. Pathogenesis, Diagnosis and Treatment. American Psychiatric Press: Washington, London, pp. 62-63*

Belastungen von Angehörigen Zwangskranker

J. Langkrär, U. Demal

Die Zwangsstörung beginnt in der Regel im frühen Erwachsenenalter, nimmt unbehandelt einen chronischen Verlauf und geht mit schweren Behinderungen einher. Betroffenen gelingt es oft nicht, ein selbständiges Leben aufzubauen und Angehörige sind über lange Strecken ihres Lebens mit der Erkrankung konfrontiert. Es ist aber noch wenig bekannt, wie sich die Zwangskrankheit auf Angehörige auswirkt und wie diese mit der Erkrankung und den daraus resultierenden Belastungen umgehen. In einer Studie weisen Magliano et al. (5) darauf hin, daß das Ausmaß der Belastung der Angehörigen von psychisch Kranken weniger von der Diagnose (untersucht wurden Zwangsstörung, Depression und Schizophrenie), als vielmehr vom Schweregrad der jeweiligen Symptomatik und der sozialen Beeinträchtigung des Patienten/der Patientin abhängt. Calvocoressi et al. (1) beschreiben, daß 88% der von ihnen untersuchten Angehörigen von Zwangskranken ihren Lebensstil der Erkrankung anpassen. Die Belastung der Angehörigen ist um so größer, je mehr sie in die Erkrankung und damit auch in die Rituale miteinbezogen sind. In einer Pilotuntersuchung von Zwangskranken fanden Katschnig et al. (4), daß sich diese im Umgang mit der Zwangsstörung hilflos fühlen und sich als belastet erleben. Befragt zu Ätiologiemodellen war bemerkenswert, daß vier von fünf Angehörigen der Ansicht waren, daß die Betroffenen selbst keine Schuld an der Entstehung der Erkrankung tragen. Im Alltag, wenn konkret Zwänge auftreten, ließen sich die Angehörigen in keiner Weise von dieser Ansicht leiten: etwa die Hälfte der Angehörigen gab an, daß der Betroffene mehr Willenskraft zur Unterdrückung der Zwangsrituale zeigen solle und bei 80% lösten die Zwangsphänomene zumindest gelegentlich Ärger aus. Nach ihrem konkreten Verhalten beim Auftreten von Zwangssymptomen befragt, gab gut die

Hälfte der Angehörigen an, daß sie keine Reaktion zeigen würden. Fast ebensoviele erwähnten, daß sie versuchen, dem Patienten/der Patienten gut zuzureden. Rund ein Drittel berichtete von Ablenkungs- und Beruhigungsversuchen und Erteilen von Ratschlägen. Eine konkrete Form des „Beruhigens" kann sich nach der verhaltenstherapeutischen Theorie negativ auswirken: oft werden die Angehörigen von den PatientInnen gefragt, ob denn nach Durchführung von Zwangshandlungen nunmehr alles in Ordnung sei („Sind meine Hände sauber?") und viele Angehörige versichern dem Kranken, auch mehrmals, daß alles in Ordnung sei. Dieses Ritual der „Rückversicherung" reduziert zwar kurzfristig Angst, Unruhe und Unsicherheit des Patienten /der Patientin, hält aber langfristig das Zwangsverhalten aufrecht. Daß die ständige Konfrontation mit der Zwangsstörung zu einem „Ausbrennen" führen kann, zeigt der hohe Prozentsatz jener Angehörigen (77%), die sich in ihrem allgemeinen Befinden als beeinträchtigt betrachten. Drei von fünf Angehörigen gaben selbst seelische Probleme, in erster Linie Depressionen, an. Diese ersten Ergebnisse zeigen, daß es bei einer chronischen Erkrankung wie der Zwangsstörung essentiell ist, die Probleme der Angehörigen zu erfassen und Angehörigenarbeit zu leisten. Das Verhalten der Angehörigen kann für den Verlauf der Erkrankung eine wesentliche Bedeutung haben. Angehörigenarbeit kann darin bestehen, Angehörigengruppen oder „multiple Familiengruppen" anzubieten (Demal et al., 2).
Eine Broschüre mit dem Titel „Zwangsstörungen. Ein Leitfaden für Angehörige" (Demal und Langkrär, 3), der bei der DGZ erhältlich sein wird, geht auf viele der oben genannten Probleme ein. In der Folge möchten wir nun einige wichtige Punkte zusammenfassen:

Informationen und Aufklärung der Angehörigen

Es ist notwendig, daß sich Angehörige über die Zwangserkrankung informieren, da dies einerseits die Voraussetzung für Verständnis dem Betroffenen gegenüber darstellt, andererseits ist dadurch die Möglichkeit zur Abgrenzung gegeben. In der Broschüre wird das Krankheitsbild und mögliche Komorbidität dargestellt. Erklärungsmodelle zur Ätiologie der Erkrankung und Grundsätze von verhaltenstherapeutischem Vorgehen werden erläutert.

Das Erleben des Betroffenen

Angehörigen sollte vermittelt werden, daß durch das Auftauchen von Zwangsgedanken eine Vielzahl unangenehmer, quälender Gefühle (z.B. Anspannung, Ekel und Angst) entstehen kann. Das Ausführen von spannungsreduzierenden Zwangshandlungen führt genauso zur kurzfristigen Beruhigung wie „Rückversicherung" durch Angehörige. Rituale und Zwangshandlungen sollten als Versuch gesehen werden, wieder „Sicherheit" zu gewinnen.

Einschränkungen der Angehörigen

Viele Angehörige sind in Zwangsrituale einbezogen. Das Ausführen von Zwangshandlungen soll überwacht werden, Zwangshandlungen sollen von den Angehörigen stellvertretend ausgeführt werden, Rückversicherung soll gegeben werden. Ein anderer Aspekt ist, daß zwanghafte Maßstäbe im Denken und Handeln auf die Angehörigen übertragen werden.
Des weiteren können Einschränkungen der Bewegungsfreiheit in einer gemeinsamen Wohnung, finanzielle Belastungen sowie Diskussionen über die Angemessenheit der durch die Zwangserkrankung veränderten Maßstäbe der Betroffenen zu Konflikten führen. Bei schwer ausgeprägten Zwangserkrankungen ist Rückzugsverhalten, soziale Isolation sowie Arbeitsunfähigkeit eine häufige Folge.

Probleme der Angehörigen im Umgang mit den Betroffenen

Das Dilemma der Angehörigen besteht darin, den Betroffenen einerseits nicht leiden sehen zu können und seinem Drängen deshalb nachzugeben, andererseits besteht dadurch die Gefahr der Aufrechterhaltung und Verstärkung. Gereiztheit und Aggressivität können auftreten, wenn sich die Betroffenen durch äußere Einflüsse beim Ablauf der Rituale gestört fühlen.

Therapeutische Möglichkeiten

Verhaltenstherapie ist bei Zwangserkrankungen die psychotherapeutische Behandlung der 1. Wahl. Die zusätzliche medikamentöse Behandlung mit

sogenannten „Serotonin-Wiederaufnahme-Hemmern“ kann den Zugang einer solchen Psychotherapie unterstützen. Besonders bei der Behandlung von Zwangsgedanken scheinen die Patienten von einer kombinierten Therapie zu profitieren. Im Rahmen einer Verhaltenstherapie werden nach einer Funktions- und Bedingungsanalyse die Betroffenen motiviert, die Erfahrung in angstbesetzten, vermiedenen Situationen zu machen, daß befürchtete Konsequenzen ausbleiben. Dabei erscheint bei Handlungszwängen die Methode der Reizkonfrontation mit Reaktionsverhinderung besonders effektiv zu sein.
Im Rahmen von Angehörigengruppen oder Familiengesprächen werden kritische Situationen gemeinsam besprochen. Das Vorgehen in solchen Situationen kann anhand von Rollenspielen spezifisch erarbeitet werden. Besonders das Widerstehen, wenn Rückversicherung gefordert wird, sollte hierbei beachtet werden. Die Zwangssymptomatik kann aber auch mit Konflikten innerhalb der Familie oder der Partnerschaft zusammenhängen, die z.B. im Rahmen einer Familientherapie behandelt werden können.

Implikationen für das Verhalten von Angehörigen

Sicherlich können Verhaltensempfehlungen nur begrenzt erfolgen. Folgende Aspekte erscheinen jedoch besonders wichtig: Für Angehörige ist das Wissen nötig, daß nicht „gesunder Menschenverstand“ oder „Wille“ eine Unterlassung der Zwangssymptome bewirken können. Oft besteht bereits die Einsicht in die Unsinnigkeit oder Übertriebenheit seitens der Betroffenen. Eine Diskussion über die fragliche Angemessenheit von Zwangsritualen ist nicht nur sinnlos, sondern genauso aufrechterhaltend für die Symptomatik wie das Übernehmen von Ritualen oder beruhigende Versicherungen. Deshalb sollten Angehörige versuchen, ihre Grenzen zu zeigen, weiterhin eigenen Interessen nachgehen und ein eigenständiges Leben pflegen.

Literatur

1. *Calvocoressi L, Lewis B, Harris M, Trufan S, Goodman WK, Mc Dougle CJ, Price LH (1995) Family accomodation in obsessive-compulsive disorder. Am J Psychiatry 152: 441-443*
2. *Demal U, Zitterl W, Aigner M, Lenz G (1988) Ambulante Gruppentherapie mit Einbeziehung der Angehörigen. In: Lenz G, Demal U, Bach M (Hrsg.): Spektrum der Zwangsstörungen. Forschung und Praxis. Springer Verlag Wien New York*

3. *Demal U, Langkrär J (im Druck) Zwangsstörungen. Ein Leitfaden für Angehörige. Deutsche Gesellschaft Zwangserkrankungen e.V. (DGZ), Osnabrück*
4. *Katschnig H, Demal U, Scherer M, Aigner M (1998) Wie gehen Familienangehörige von Zwangskranken mit Zwangsphänomenen um? Eine Pilot-Untersuchung. In: Lenz G, Demal U, Bach U (Hrsg.): Spektrum der Zwangsstörungen. Forschung und Praxis. Springer Verlag Wien New York*
5. *Magliano L, Tosini P, Guarneri M, Marasco C, Catapano (1996) Burden on the families of patients with obsessive-compulsive disorder: a pilot study. Eur. Psychiatry 11: 192*

Öffentlichkeits-, Selbsthilfe- und Beratungsarbeit der Deutschen Gesellschaft Zwangserkrankungen e.V.

B. Ciupka

Die Deutsche Gesellschaft Zwangserkrankungen (DGZ) wurde im August 1995 gegründet und blickt nach drei Jahren auf eine erfolgreiche Bilanz in der Beratungs-, Selbsthilfe- und Öffentlichkeitsarbeit zurück. Wir betreuen zur Zeit 37 Selbsthilfegruppen mit insgesamt 204 Teilnehmern, die sich in der Folgezeit gründeten. Ziel unserer Gesellschaft ist es, diese bei ihrer weiteren Arbeit zu unterstützen.

Medienarbeit

In Anlehnung an andere Fachgesellschaften wie die Deutsche Krebshilfe oder die Deutsche Leberhilfe möchte die DGZ ein öffentliches Forum anbieten, um Betroffenen die Möglichkeit zur Formulierung ihrer Interessen zu geben und außerdem mit dem Ziel erfolgreicher Behandlung, Informationen zu Diagnostik und Therapie zu vermitteln. Weitere Themenschwerpunkte sind Initiierung und Koordinierung von Therapeutenweiterbildung und Behandlungsforschung. Für diese Aufgaben formierte sich innerhalb der DGZ ein wissenschaftlicher Beirat, der sich aus 42 Vertretern aus Forschung und Praxis, Psychologie und Medizin sowie stationärer und ambulanter Behandlung rekrutiert.

Es war Ausgangssituation unserer Arbeit im August 1995, daß das Bewußtsein für die Zwangserkrankung, obwohl sie zu der vierthäufigsten seelischen Störung zählt, nur sehr gering ausgeprägt war.

Veröffentlichungen der DGZ zum Thema Zwangserkrankungen in öffentlichen Medien

- 75 Tageszeitungen
- 25 Zeitschriften, Magazine
- 20 Radiosendungen
- 33 Fernsehsendungen

Über eine breit angelegte Medieninitiative in der Presse und im Rundfunk erreichten wir flächendeckend sowohl ein Fachpublikum als auch eine breite Öffentlichkeit. Wir begleiteten 100 Berichte über Zwangserkrankungen in Journalen und Tagespresse und 53 Beiträge in Radio- und Fernsehsendungen und erreichten so ein Millionenpublikum.

Erfahrungen aus unserer Beratung

In Folge der Medienarbeit wurden innerhalb von drei Jahren in der Geschäftsstelle der DGZ in Osnabrück 17.000 Betroffene und Angehörige telefonisch beraten oder Anfragen schriftlich beantwortet.

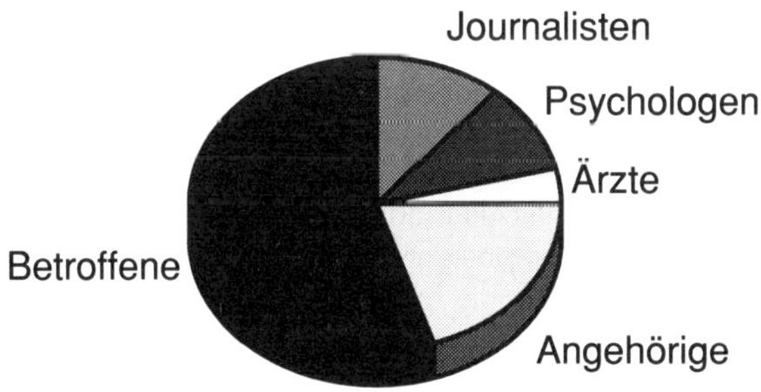

Zusammensetzung der Anrufe in der DGZ-Geschäftsstelle

Von Betroffenen wird überwiegend der Wunsch nach Beratung, Behandlungsinformationen und Selbsthilfegruppen geäußert.
Angehörige wünschen neben allgemeinen Informationen vor allen Dingen Hilfe bei der Behandlungsmotivation, da häufig das betroffene Familienmitglied einer Behandlung sehr ambivalent gegenübersteht oder überhaupt keine Krankheitseinsicht vorhanden ist. Gerade vor Beginn einer Behandlung tragen die Angehörigen neben den Betroffenen die Hauptlast der Zwangssymptomatik. Große Spannungen und Aggressivität in den Familien Zwangserkrankter sind ein Phänomen, das in unserer Beratungsarbeit in stärkerem Maße in Erscheinung tritt, als uns dies von Kolleginnen und Kollegen in stationären Einrichtungen berichtet wird. Darauf angesprochen verweisen Angehörige auf die großen Entfernungen zum Behandlungsort einer auf Zwangserkrankungen spezialisierten Klinik. Andere Angehörige berichten über große Erschöpfung aufgrund der Zwangserkrankung der nahestehenden Person, die ihre Mitwirkung in der Behandlung hemme.
Übereinstimmend läßt sich aus den Anfragen ablesen, daß viele Betroffene sich mit ihrer Erkrankung im Verborgenen befinden und daß es lange dauert, bis diese ein Krankheitsbewußtsein und schließlich eine Behandlungsmotivation entwickeln.
Soziale Erwünschtheit von Sauberkeits- und Ordnungszwängen und schleichende Verläufe der Krankheit verhindern bei vielen Patienten eine frühzeitige Bewußtwerdung. Eine andere Patientengruppe verschweigt bestehende Zwänge wegen einer ausgeprägt empfundenen Scheu und Peinlichkeit.
In der Abbildung ist der typische Verlauf einer Zwangserkrankung (z.B. bei Kontroll-, Wasch- und Hortzwängen) abgebildet, wie er sich aus unseren Erfahrungen in der Beratungsarbeit darstellt. Charakteristisch ist, daß zu Beginn einer milden Symptomatik in der Regel kein Krankheitsbewußtsein bei den Betroffenen vorliegt. Nimmt die Entwicklung der Krankheit einen über Jahre monoton ansteigenden Verlauf, ist erst eine sehr allmählich zunehmende „Ich-Dystonie" zu beobachten. Fachliche Hilfe wird vorrangig auf Druck der Angehörigen, durch drohende Kündigung oder bei Hinzutreten sekundärer Erkrankungen wie Depressionen und psychosomatische Störungen gesucht. Durch unsere Öffentlichkeitsarbeit wollen wir Betroffene, Angehörige und professionelle Helfer sensibilisieren, um die durchschnittliche Latenz von etwa 10 Jahren zu verkürzen, die bis zum ersten Therapeutenkontakt sinnlos verstreicht.

Typischer Phasenverlauf einer Zwangserkrankung

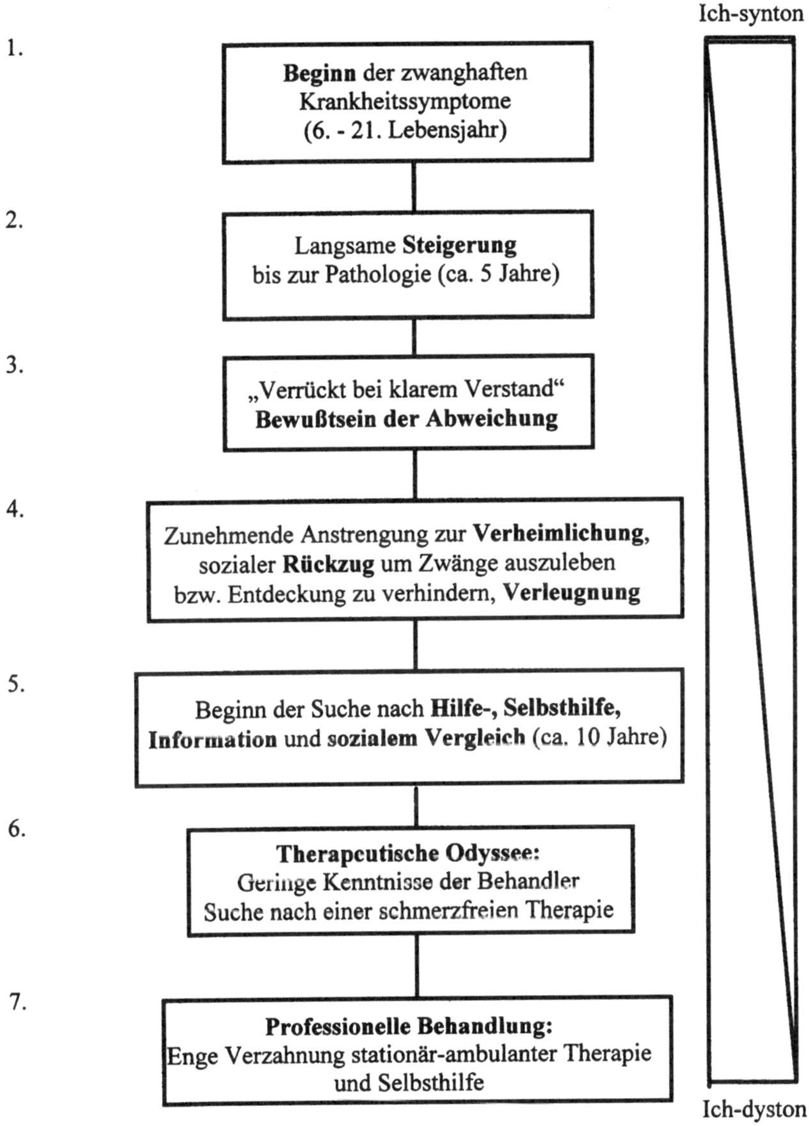

In der Literatur wird übereinstimmend die hohe Komorbidität von Zwangserkrankungen mit einer großen Anzahl anderer Achse-I-Symptome belegt. Ärzte und Psychologen, die für Zwangserkrankungen sensibilisiert sind, stellen bei gezielter Nachfrage immer häufiger fest, daß viele Patienten mit bestehenden Depressionen, Ängsten und anderen seelischen Störungen gleichzeitig Zwangssymptome aufweisen, die sie vorher verschwiegen haben.
Aus der Sicht von Betroffenen und Angehörigen wurde uns oftmals große Enttäuschung über das bestehende Behandlungsangebot für Zwangserkrankte geschildert: In der Regel sucht der Betroffene mehrere Therapeuten auf, bevor eine Zwangserkrankung sicher festgestellt wird. Aus den mündlichen Angaben erfahren wir, daß die Behandlungen mit Neuroleptika und Benzodiazipinen auch heute noch sehr weit verbreitet ist. Folge ist, daß derart behandelte Patienten außer Nebenwirkungen keine erwünschte Wirkung spüren. Sie resignieren und wenden sich sehr häufig von jeder Art von Behandlung ab. Eine positive Entwicklung ist es, daß die Behandlung von Zwangserkrankungen mit Serotonin-Wiederaufnahmehemmern eine zunehmend größere Verbreitung gefunden hat.
Ernüchternd ist auch die Bilanz in der Psychotherapie: Im Regelfall konzentriert sich die Psychotherapie auf Konflikte oder auf die kognitiven Elemente, die den Zwängen zugrunde liegen (z.B. psychoanalytische und gesprächspsychotherapeutische Ansätze, RET). Eine Reizkonfrontation mit Reaktionsverhinderung unter direkter Anleitung des Therapeuten in der heimischen Umgebung ist leider heute noch eine Ausnahmeerscheinung.
Anderseits wurden uns signifikante Besserungen ausschließlich von Patienten berichtet, die im Sinne einer Verhaltenstherapie unmittelbare Verhaltensübungen während ihrer Behandlung durchgeführt haben. Elemente der Behandlung aus anderen therapeutischen Schulen werden aber ebenfalls als hilfreich eingestuft. Bisher begegnete uns aber niemand, der unter Aussparung der Verhaltenstherapie deutliche und bleibende Besserung erzielte.
Während erste Ansätze dafür erkennbar sind, daß stationäre Einrichtungen beginnen, diese Lücke in der therapeutischen Versorgung zu schließen, besteht in der ambulanten Akutversorgung noch großer Aufholbedarf.
Von 280 Kliniken in Deutschland, die wir bisher angeschrieben haben, erhielten wir in 93% der Fälle eine Rückantwort, in der uns die Klinikleitung über Kompetenz und Kapazität ihres Hauses unterrichtete. In einigen Fällen war bereits ein hoher Qualitätsstandard erreicht worden. In den übrigen Fällen wurde uns stets eine Verbesserung des Behandlungsangebotes für Zwangserkrankungen in Aussicht gestellt.

Die Versorgungslage aus der Sicht der Betroffenen

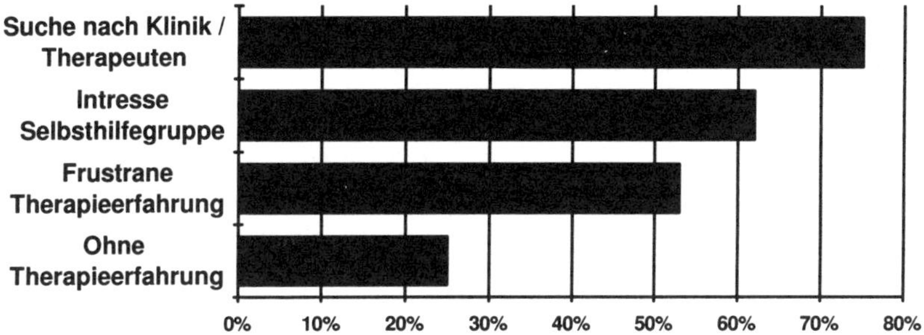

Therapeutenliste

- 457 Adressen von Therapeuten, die Zwänge behandeln

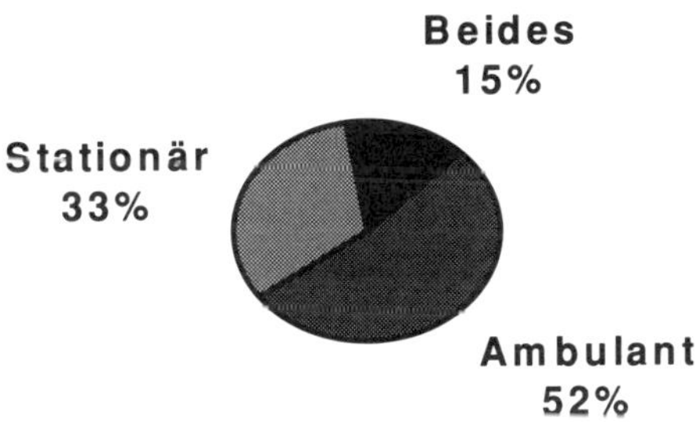

Im ambulanten Bereich überschauen wir 169 Therapeuten und Praxisgemeinschaften, die Zwangserkrankungen kompetent behandeln. Angesichts von 1,5 Millionen Zwangserkrankten in Deutschland kommen auf einen ambulanten Therapeuten 8900 Patienten. Damit ist die Zahl der Therapeuten im niedergelassenen Bereich viel zu niedrig. Daher möchten wir gern die Therapeuten kennenlernen, die bereits über Wissen und Erfahrung in diesem Behandlungsbereich verfügen. Darüber hinaus besteht noch erheblicher Bedarf in der Therapeutenweiterbildung.

Aufgrund ungünstiger finanzieller Vergütung ambulanter Verhaltenstherapie wird es in nächster Zukunft große Schwierigkeiten bereiten, Kolleginnen und Kollegen zu einer umfangreichen Reizkonfrontation in der häuslichen Umgebung zu motivieren. Immer wieder erreichen uns Berichte von Betroffenen, deren Verhaltenstherapeuten die Reizkonfrontation ausschließlich gedanklich und nicht in der häuslichen Umgebung durchführen. Neben anderen Gründen stehen hier vermutlich auch ökonomische Aspekte im Vordergrund.

Die Gründung von Selbsthilfegruppen

Zwei Drittel aller Betroffenen suchen Kontakt zu einer Selbsthilfegruppe. Vorrangiges Interesse hierbei ist es, die Isolation zu durchbrechen und einen sozialen Vergleich für eigene Zwangssymptome zu erhalten, die von Betroffenen selbst als unerklärlich und „verrückt“ eingestuft werden.

Flankiert durch Artikel in der Lokalpresse, die von der Geschäftsstelle begleitet wurden, gründeten sich in den letzten drei Jahren 37 Selbsthilfegruppen mit 240 Teilnehmern. Weitere 25 Selbsthilfegruppen befinden sich zur Zeit in der Gründungsphase. Der Schritt der Gründung einer Selbsthilfegruppe ist für viele Betroffene mit Zögern und Ängsten verbunden. Relative Anonymität, wie sie in größeren Städten gegeben ist, hilft diese Befürchtungen zu verringern. So ist es zu verstehen, daß Neugründungen in Ballungsräumen deutlich leichter gelangen als in ländlichen Bereichen. Die geringe Dichte des SH-Netzes verlangt von den Interessierten, daß diese große Entfernungen in Kauf nehmen müssen.

Am 21. Juli 1997 fand in Düren / Schlagstein das erste Bundestreffen der neu entstandenen Selbsthilfegruppen statt. Vertreter von 17 der 34 damals bestehenden Selbsthilfegruppen vermittelten uns ein recht geschlossenes Bild, das hier zusammenfassend dargestellt wird:

Was half bei der Gründung einer Selbsthilfegruppe?	
Presse / Tageszeitung / Fernsehen	100%
DGZ-Geschäftsstelle	100%
Therapeuten - Kontakt	60%
Selbsthilfekontaktstellen, Selbsthilfezeitungen	60%
Stand bei Selbsthilfe- , Gesundheits-, oder Kirchentag	40%

Die erfolgreiche Gründung von Selbsthilfegruppen wurde immer von einer Medienarbeit bzw. durch Zuweisungen aus der DGZ-Geschäftsstelle in Osnabrück unterstützt. In sehr vielen Fällen war der Kontakt zu Therapeuten hilfreich oder der Zulauf wurde von Selbsthilfekontaktstellen unterstützt, die das Anliegen der Gruppen in ihren Selbsthilfezeitungen publik machten. Weitere erfolgreiche Maßnahmen der Öffentlichkeitsarbeit waren Stände der Gruppen auf Selbsthilfe- , Gesundheits- oder Kirchentagen, das Auslegen von Handzetteln und Flugblättern bei Therapeuten und die Einrichtung einer eigenen Internet-Homepage. Krankenkassen, Kirchengemeinden und karitative Beratungsdienste sind in Einzelfällen bei Unterstützung (z. B. Druck von Infoblättern; Raumbeschaffung; finanzielle Mittel) und Beratung behilflich gewesen.

Was sind die Probleme von Selbsthilfegruppen?

In der Regel wird von Betroffenen eine professionelle Anleitung ihrer Selbsthilfegruppe gewünscht; bisher gelang es uns aber nur in einem Drittel der Fälle, Therapeuten als Ansprechpartner für die bestehenden Selbsthilfegruppen zu gewinnen. Die verbleibenden unprofessionellen Gruppen berichten über einen Mitgliederschwund, der durch eine Reihe aufgetretener Probleme in den Gruppen verursacht wurde:

1. Dies können Störungen im Gruppengeschehen wie Schuldzuweisungen und Streitereien sein.
2. Beklagt wird auch das Fehlen einer Erfolgsorientierung der Gesprächspartner, allgemeine Probleme und Zwänge werden angeschnitten, ohne daß deren Bewältigung in Aussicht steht.
3. Enttäuschungen entstehen auch durch überhöhte Erwartungen, z. B. wird sehr häufig die völlig unrealistische Hoffnung auf eine gleichwertige Alternative zu einer Verhaltenstherapie geäußert.
4. Unklare und unbewußte Vorstellungen über die Ziele, die die Mitglieder einer Selbsthilfegruppe verfolgen, können zu Irritationen führen. Typisch ist es, daß die Gruppenmitglieder verschiedene oder sogar gegenläufige Ziele verfolgen, ohne das dies bewußt und offensichtlich ist. Beispielsweise verträgt es sich nicht, wenn in einer Gruppe Teilnehmer mit dem Ziel Geselligkeit und Freizeitgestaltung auf Gruppenmitglieder treffen, die sich eine problemorientierte und disziplinierte Arbeit wünschen.
5. Gerade von Personen, die keine Gruppenerfahrung haben, wird die Befürchtung geäußert, sich mit den Zwängen anderer Gruppenmitglieder zu

„infizieren". Bisher konnte aber nicht beobachtet werden, daß tatsächlich eine Gefahr der Nachahmung fremder Zwänge besteht.

6. Bei der Menge der Beiträge ist es schwierig, das richtige Maß zu finden: Mitunter stehen Vielsprecher, die ungeachtet der Qualität ihrer Äußerungen immer viel zu sagen haben, Gruppenteilnehmern gegenüber, die mit Redeangst, allgemeiner Selbstunsicherheit und der Peinlichkeit, über die Zwänge zu sprechen, zu kämpfen haben.
7. Disziplinlosigkeit und Strukturverlust durch Unpünktlichkeit, unregelmäßiges Kommen und Nebengespräche führen zu Enttäuschung, wenn der Charakter eines Kaffeeklatsches entsteht.

Die beschriebenen Probleme führten bei den Teilnehmern des Selbsthilfegruppen-Bundestreffens zu der übereinstimmenden Meinung, daß ein gewisses Maß an Absprache die Gruppenarbeit fördert. Je früher die Schwierigkeiten der Gruppenarbeit bewältigt werden, desto eher werden Enttäuschungen auf seiten der Beteiligten und Auflösungen von Selbsthilfegruppen vermieden. Regeln müssen Bedürfnisse und Ziele der Teilnehmer berücksichtigen: Beispielsweise erfordern sehr vertraute Gespräche striktere Regeln, die den einzelnen stärker schützen.

Regeln und Strukturen von Selbsthilfegruppen

Von den Selbsthilfegruppen, die in Eigenregie der Betroffenen arbeiten, reicht die Spannbreite von Gruppen mit völliger Strukturlosigkeit bis hin zu Gruppen, die über eine feste Gruppenleitung und schriftlich fixierte Gruppenregeln verfügen. In der Regel berichten Teilnehmer in Gruppen mit höherem Grad an Strukturiertheit und Problemlösungsorientierung über eine größere Zufriedenheit und über eine geringere Fluktuation der Mitglieder. Der Anspruch, der an ein Regelsystem für Selbsthilfegruppen zu stellen ist, ist Einfachheit und leichte Erlernbarkeit. Dies beruht auf der Tatsache, daß die Gruppen in der Regel ohne therapeutische Unterstützung auskommen müssen und die Moderation der Gruppenarbeit häufig unter den Teilnehmern wechselt.

Beispiele für Regeln:

Allgemein anerkannte Regeln	Umstrittene Regeln
• Pünktlichkeit • feste Zeiten • Offenheit • Verschwiegenheit • Ehrlichkeit • Akzeptanz des Gesagten • Ich-Botschaften • Ernsthaftigkeit der Mitgliedschaft • Beständigkeit im Kommen	• ein Hauptthema statt vieler Themen • Sanktionen bei Nichteinhaltung • Telefonkette • Krisentelefon • Neuaufnahme nur unter Akzeptanz der Gruppenregeln

Beispiel für den Ablauf einer Gruppensitzung

1.	Festlegen eines Moderators (im Wechsel)
2.	Blitzlicht (jeder spricht kurz über sein Befinden bzw. meldet seinen Gesprächsbedarf an; Störungen haben Vorrang)
3.	Besprechung einer Hausaufgabe aus der Vorwoche
4.	Festlegen eines Hauptthemas: Buchbesprechung - spezielle thematische Fragen - Vorbereitung von Medienarbeit - VT-Übungen - Rollenspiele - „Neuaufnahmen" - Beginn einer Therapie - Rückfälle im Zwang - allgemeine Krisen
5.	Brainstorming zum Hauptthema, Ideensammlung ohne Bewertung
6.	konkrete Problemlösung / Hausaufgaben (freiwillig)
7.	Planung privater Aktivitäten (gemeinsam/kleinere Gruppen)
8.	Abschlußblitzlicht

Stärken und Leistungen der SH-Gruppen

Das Bedürfnis nach sozialem Vergleich für das Zwangssymptom stellt bei den meisten Betroffenen die Ausgangsmotivation für den Beitritt zu einer Selbsthilfegruppe dar. In der Regel bedarf es einer professionellen Anleitung, um aus

dem Wunsch des gegenseitigen Austauschs eine echte Veränderungsmotivation zu entwickeln. Daher wünschen wir uns hier in Zukunft eine verbesserte Zusammenarbeit mit den praktisch tätigen Kolleginnen und Kollegen.
In der untenstehenden Tabelle sind die wichtigsten Funktionen der Selbsthilfegruppen aus der Sicht der Betroffenen aufgelistet:

Verschiedene Funktionen und Stärken von Selbsthilfegruppen Zwangserkrankter

- Überwindung von Isolation und Außenseiterdasein
- Sozialer Vergleich für den „verrückten Zwang", Betroffene haben das Gefühl, wieder mehr Kontrolle in ihrem Leben zu haben, weil die kaum greifbaren Symptome nun einen Namen haben und mit anderen Menschen verglichen werden können
- Vermittlung von Würde: Die Gruppe ist ein Ort, wo keiner über die Zwänge lacht - damit wird viel Abhängigkeit und Kränkung überwunden.
- Erfahrungsaustausch und Lösung von Problemen, die bei Zwangskranken typisch sind:
  - Umgang mit Angehörigen, Außenstehenden und Nichtbetroffenen;
  - Informationen zu Behandlungsansätzen und Medikamenten
  - Motivation zu Selbstmanagement von Verhaltensübungen nach einer VT-Behandlung
- Nach einer erfolgreichen Behandlung gewonnene „zwangsfreie" Zeit wird mit neuem Inhalt gefüllt
- Stütze bei Rückfällen in den Zwang, erfahrene Mitglieder können Zuversicht vermitteln, indem sie über die Überwindung ihrer Rückschläge berichten
- Hilfe in allgemeinen Lebenskrisen, die durch die häufig soziale Randlage entstehen
- Interessenvertretung gegenüber:
  - der öffentlichen Meinung
  - Therapeuten
  - Krankenkassen
  - Entscheidungsträgern aus der Politik und dem Gesundheitswesen
- langfristige Begleitung für eine häufig chronisch verlaufende Erkrankung

Das Symposion in Hemer und die Folgen

S. E.

Die Hintergründe

Mein 51jähriger Ehemann ist seit 13 Jahren zwangserkrankt (Wasch-, Wisch-, Kontrollzwänge und Vergiftungsängste) und hat drei Therapien hinter sich: die erste psychoanalytisch orientiert, die zweite eine Gesprächstherapie, die dritte vom Namen her eine Verhaltenstherapie, die diesen Namen aber nicht verdiente. Abbruch aller drei Therapien, da sie durchgehend nichts gebracht haben. Nach eingehender Lektüre der bis 1994 erschienenen Fachliteratur begann ich damit, meinen Mann verhaltenstherapeutisch zu behandeln, was auch gewisse Erfolge brachte. Doch die Spannungen zwischen uns wurden bald infolge dieser Maßnahmen unerträglich, so daß ich meine Bemühungen einstellte.

Seit 1997 befinde ich mich nun selbst in einer tiefenpsychologisch orientierten Gesprächstherapie, die mir große Entlastung bringt.

Das Angebot

Im Frühjahr 1998 erreichte mich die Einladung der DGZ zu einem Symposium für Betroffene, Laien und Angehörige, auf die ich ganz spontan reagierte: Da wollte ich unbedingt hin, diese Gelegenheit mußte ich beim Schopfe pakken. Endlich sollte auch eine Gruppe berücksichtigt werden, die in den Büchern über diese Krankheit eigentlich schon lange zu kurz gekommen war, nämlich die Angehörigen von Betroffenen.

Die Zielgruppen

Beim Durchblättern des Programms fand ich für uns beide eine sehr attraktive Thematik, weil sie genau die Probleme ansprach, die Zwangskranken unter den Nägeln brennen. Deshalb hatte ich auch die Absicht, meinen Mann für diese von uns immerhin 600 km entfernte Veranstaltung zu interessieren. Ihn aber tatsächlich nach Hemer zu locken, hätte rein äußerlich bedeutet, daß ich das hauseigene Bett samt Toilette im Anhänger hätte mitführen müssen, da mein Mann nicht ohne diese Requisiten verreisen kann. Psychisch hätte diese Plandurchführung für mich persönlich bedeutet, daß ich auf meinen Mann sehr viel Druck hätte ausüben müssen, den ich durch die langen Jahre der notgedrungenen Krankheitsbegleitung inzwischen weder auszuhalten in der Lage noch dazu bereit war. Im Vorfeld seit Eintreffen der Einladung hatte ich durch mein Insistieren in unsere Beziehung schon soviel psychischen Streß gebracht, da ich auch meinem Mann durch die Reise nach Hemer zunächst etwas "Gutes" antun zu müssen glaubte, daß bei mir schon körperliche Symptome wie Magenbeschwerden auftraten. Also lernte ich aus diesem Vorfall, daß man "Zwängler" nicht zwingen sollte, verzichtete auf ein gemeinsames Unternehmen und fuhr am Vortag alleine ins Sauerland.
Welche Schwierigkeiten es Betroffenen macht, sich zu solch einer Veranstaltung zu entschließen, zeigte sich auch bei der Zusammensetzung des Publikums beim Symposium: Der überwiegende Teil davon waren Angehörige, während die wenigsten Zwangserkrankten selbst in der Lage waren teilzunehmen. Für manchen Betroffenen, der es kaum schafft, die eigenen Räume selbständig zu verlassen, stellt sich die Reise nach Hemer als eine Leistung dar, die der Durchquerung des Südpols gleichkommt.

Meine Erwartungen

a) neueste Informationen aus berufenem Munde über das Krankheitsbild "Zwang" und dessen Medikation
b) eventuell neue Ansätze der Therapie
c) Information zur Wirksamkeit von Selbsthilfegruppen
d) Entlastung vom psychischen Druck als betroffene Angehörige im Austausch mit anderen Schicksalsgenossen/innen sowohl im nachmittäglichen Workshop als auch auf privater Ebene

zu a) "Zwangs"läufig habe ich im Verlauf der letzten Jahre fast alle Bücher zu dieser Thematik gelesen. Der Fülle der angebotenen Lektüre fehlt häufig trotz in den letzten Jahren wachsender Systematik in der Darstellung der Krankheit ein Gesamtkonzept, da sich die meisten Bücher mit Erfolgsstories nach amerikanischem Muster beschäftigen. Da geht alles so wunderbar leicht, man muß sich als Patient "nur" zu einer Therapie durchringen, und schon läuft alles blendend mit engagierten Therapeuten, die zu jeder Tages- und Nachtzeit einsatzbereit und zur Stelle sind. Von den vielen späteren möglichen Rückfällen ist höchstens in einem Satz die Rede.
Ich verstehe das Konzept, das hinter solchen Berichten steht: Es soll den Betroffenen Mut machen, ihnen zeigen, daß es Menschen gibt, die den Dämon Zwang bezwungen haben. So gesehen sind sie nützlich und haben auch ihren Platz im Bücherschrank von Erkrankten.
Meinem Anliegen nach einer systematisierten Aufklärung über die Krankheit steht das Argument von Patienten entgegen, daß ihnen die bloße Kenntnis des Krankheitsbildes und der Vorbedingungen allein noch keine Erleichterung verschaffen konnte. Doch hat mir meine Erfahrung gezeigt, daß bei mir als betroffener Angehöriger nur eine Kombination von genauem Wissen über den Zwang, seinen Voraussetzungen familiärer, persönlicher und hirnphysiologischer Art in Verbindung mit den Möglichkeiten der Psychotherapie und Medikation - eben ein Gesamtkonzept - zum besseren Umgang mit der Krankheit führt (aber auch hier sind "Rückfälle" nicht ausgeschlossen, sondern an der Tagesordnung).
Medikamente irgendwelcher Art zu nehmen, hat sich mein Mann von Anfang an geweigert, aus Ängsten heraus, daß dies ein für ihn unerträglicher Eingriff in sein Gehirn wäre und er die Kontrolle verlöre. Andererseits befürchtet er, daß nach Absetzen der Serotoninwiederaufnahmehemmer die alte Symptomatik wieder zu Tage treten und er sein Leben lang davon abhängig sein würde. Da mein Therapeut solchen Mitteln positiv gegenübersteht, war ich auf den Tagesordnungspunkt "Pharmakotherapie" besonders gespannt.

zu b) Da weder der psychoanalytische Ansatz der Therapie noch die Gesprächstherapie eine Besserung gebracht hatte, war ich neugierig, ob es neben der klassischen Verhaltenstherapie mit Reiz-Reaktionsverhinderung noch andere Möglichkeiten der Behandlung gab.

zu c) Nach jahrelangem Zusammenleben mit einem Zwangskranken klammert man sich in seiner Verzweiflung an jeden Strohhalm, der sich einem bietet. Einer dieser Strohhalme stellte sich mir in meiner Verzweiflung in Gestalt einer Selbsthilfegruppe dar. Natürlich brachte ich meinen Mann dazu, daß er sich bei der DGZ die Adressen der nächstgelegenen Gruppen besorgte. Da diese in Baden Württemberg nicht gerade dicht gesät sind, hätte dies für ihn bedeutet, ca. 50 km Distanz bis zur nächsten angebotenen Gruppe zurückzulegen. Sich Menschen mit ähnlicher Symptomatik anzuschließen, schien meinem Mann zwar zunächst verlockend zu sein, scheiterte aber an der Wegstrecke und seiner Abneigung, den regelmäßigen Tagesablauf dafür zu unterbrechen. Letzteres hätte nämlich bedeutet, daß er noch mehr von seiner durch die zahlreichen Zwangshandlungen knappen Zeit hätte opfern müssen, die er ausschließlich für seinen Beruf aufwendet. Je mehr er sich aber weigerte, sich mit einer der angebotenen Adressen in Verbindung zu setzen, umso mehr wuchs und blähte sich in meinem Kopf der Gedanke, daß gerade diese Methode Erfolg bringen müßte und würde.

zu d) Doch mein persönliches Hauptanliegen, warum ich nach Hemer fahren wollte, bestand in einer Entlastung meinerseits:

- Entlastung davon, daß ich trotz guter Kenntnis der Krankheit immer wieder den Anlaß für die Zwangshandlungen meines Gatten schaffe, was mit immensen Schuldgefühlen verbunden ist.
- Entlastung von den Vorwürfen, daß ich zu wenig Geduld aufbrächte im Umgang mit der Krankheit.

Diese Entlastung erhoffte ich beim Symposium durch Informationen in den Vorträgen, vor allem von dem Workshop "Betroffene und deren Angehörige".

Die Tatsachen

Zwei Vorträge des Vormittags klärten mich auch auf über die hirnphysiologischen Bedingungen und die medikamentösen Eingriffsmöglichkeiten. Da mein Therapeut immer wieder auf die Erfolgsquote bei medikamentöser Behandlung hingewiesen hatte, war ich Herrn Prof. Dr. Trenckmann für die statistische Offenlegung der Wirkung der Medikation und das Zurechtrücken allzu euphorischer Erwartungen sehr dankbar.
Der Vortrag über die stationäre psychoanalytische Behandlung erwies sich zunächst als positiv, da er wie viele Bücher von erfolgreichen Therapiefällen berichtete. Doch welches nun die exakte Methode war, mit der diese Erfolge zustande kamen, blieb im Dunkeln.

Neue Therapieansätze kamen auf der Tagung nicht zur Sprache. Das mag daran liegen, daß es derzeit einfach nichts Neues auf diesem Gebiet gibt.
Nun folgte der Vortrag, von dem ich mir, wie oben beschrieben, am meisten versprochen hatte: der über die Selbsthilfegruppen. Engagiert und kenntnisreich trug Herr Ciupka von der DGZ seine Erfahrungen mit solchen Gruppierungen vor und nahm mir die Illusion, daß die bloße Existenz einer Selbsthilfegruppe schon eine große Hilfe darstellt. Der Referent machte klar, wie differenziert eine solche Organisation aufgebaut werden muß und daß es allein nicht genügt, wenn sich Betroffene zusammensetzen - wie zu einem Kaffeeklatsch, wozu dies letztlich führen kann -, sondern daß sich z.B. von Therapeuten betreute Gruppen bilden müssen. Auch auf diesem Gebiet wurde ich hart auf den Boden der Tatsachen zurückgeholt. Schließlich finde ich es positiv, wenn man nicht alle Fehler selbst machen muß, um zur Erkenntnis zu kommen. Die Ausführungen von Herrn Ciupka jedenfalls haben meinem Mann und mich sicher vor viel Aufregung und Enttäuschung bewahrt.

Während des Mittagessens versuchte ich, mit Teilnehmern des Symposiums ins Gespräch zu kommen. Doch schon vor und während der verschiedenen Vorträge des Vormittags hatte ich etwas gespürt, was sich auch während des Mittagessens wiederholen sollte, nämlich das Bedürfnis der Betroffenen bzw. der Angehörigen, anonym zu bleiben. Es ist und bleibt eben doch eine verheimlichte Krankheit. Die Struktur der Geheimhaltung erstreckte sich auch auf diese Veranstaltung. Wo in aller Welt sollten sich Betroffene überhaupt öffnen, wenn nicht zu diesem Anlaß?
Eine Dame, die ich ansprach, erzählte vom Krankheitsfall in ihrer Familie. Ihre Ausführungen erinnerten mich in vielem an das, was ich mit meinem Mann erlebt hatte, gaben mir aber auch wieder Auftrieb, weil er vieles von dem Geschilderten schon wieder überwunden hatte. Auch bemerkte ich, daß ich bereits in eine andere Phase des Zusammenseins mit einem Kranken getreten war, nämlich in ein viel distanzierteres als das, das mir gerade erläutert wurde. Auffallend war, daß die von mir Angesprochene so in ihrem Elend verhaftet war, daß sie meine Erlebnisse und Erfahrungen absolut nicht interessierten. Keine einzige Rückfrage schien in dieser maßlosen Traurigkeit von Interesse oder überhaupt möglich zu sein.

Am Nachmittag faßte die Referentin im Workshop "Betroffene und ihre Angehörigen" das Krankheitsbild "Zwang" kurz und klar zusammen, so daß sich ein einheitliches Bild ergab für die folgende Diskussion.

Obwohl die Referentin mit der Prämisse aufgetreten war, themenübergreifende Fragen zu beantworten, stellte sich bei den Angehörigen bald heraus, daß eben jeder sein eigenes Problem thematisieren und eine Lösung dafür bekommen wollte. Viele Erlebnisberichte von Betroffenen und Angehörigen und trotz vieler Therapien gescheiterte Befreiungsversuche schienen die in Büchern suggerierten Erfolge bzw. sogar Heilungen Lügen zu strafen.
Bald kristallisierten sich in der Diskussion auch zwei Hauptpunkte heraus:

1. Wie sollen sich die Angehörigen gegenüber den Kranken verhalten? Sollen sie die absurden Anordnungen der Patienten ausführen, ihnen nachgeben? Bei einigen beschriebenen Fällen fürchteten Angehörige zumindest gewalttätige Auseinandersetzungen, wenn nicht sogar eine Todesfolge, wenn sie z.B. bestimmten Essenswünschen nicht mehr nachkommen würden. Der Betroffene nehme ja jetzt schon so gut wie nichts zu sich.
2. Wie erreicht man es, daß sich Kranke in Therapie begeben? Es stellte sich heraus, daß es um die Motivation von Zwangskranken zu einer Therapie generell schlecht bestellt ist.

Der Rat der Referentin zum ersten Punkt bestand darin, daß Angehörige auf keinen Fall das System stützen sollten. Die Frage jedoch blieb im Raum stehen, wie die Angehörigen das nervlich durchhalten sollten, vor allem in Fällen, wo es um Leben und Tod geht. Niemand kann doch mit der Verantwortung leben, ein krankes Familienmitglied auf dem Gewissen zu haben. Nachgeben ist dann doch letztlich die Alternative, mit der ein betroffener Angehöriger leichter leben kann, wenn er auch dadurch die Teufelsspirale weiter am Rotieren hält. Ein Angehöriger, der dann die Frage stellte, ob es jemanden in der Runde gebe, der das System nicht stütze, traf damit auf hilfloses Schweigen.
Unterschiedliches Verhalten stellte sich bei Männern und Frauen im Umgang mit der Krankheit heraus: Frauen sind eher bereit, auf die Wünsche der Kranken einzugehen als Männer. Das mag auch daran liegen, daß Männer aus beruflichen Gründen eben weniger häufig und intensiv mit diesen Familienmitgliedern im Alltag zusammen sind.
Zum Problem der Motivation zur Therapie nahmen auch Betroffene Stellung. Sie bestätigten, was Angehörige von ihren zwangskranken Familienmitgliedern schon angedeutet hatten: Kein Kranker ist von sich aus bereit, sich einer Therapie zu unterziehen. So hart es klingt, aber der einzige Grund, warum ein Zwangskranker eine Therapie eingeht, ist der, daß er absolut am Boden ist. Eine Betroffene, die nach erfolgreicher Behandlung ihren Fall schilderte, bestätigte dies. Erst als ihr Freund drohte, sich von ihr zu trennen, und sie sich die Situation vor Augen führte, schließlich ohne Job und Versicherung dazuste-

hen, ließ sie sich darauf ein. Die Frage ist: Wann ist der Kranke am Boden? Wieviel Leiden vermag der Angehörige mit ansehen und ertragen, damit der Kranke primär motiviert ist, d.h. er eine aus sich heraus getroffene Entscheidung fällt?
Bemüht sich ein Betroffener letztlich doch um eine Therapie, und zwar um der belasteten Familie einen Gefallen zu tun, dann führt die Halbherzigkeit der sekundären Motivation laut Aussagen von Betroffenen nur bedingt zum Erfolg. Die Rückfallquote ist sehr hoch.
Bei der Diskussion überraschte mich die Vehemenz der Aggression, die von Angehörigen geäußert wurde. Lange aufgestaute Gefühle fanden ein Ventil; der Druck, den Kranke auf ihre Angehörigen ausüben, entlud sich gewaltig. Manche sprachen mir aus dem Herzen und sorgten somit für eine Entlastung meinerseits. Ich war also nicht allein mit meinen Gefühlen und gelegentlichen Überreaktionen. Besonders schlimm finde ich an der Lage der Angehörigen von Zwangskranken, daß sie sich in ihren natürlichen Reaktionen ständig zurücknehmen, sich aber auch ständig mit der Kritik des Kranken und den eigenen Selbstvorwürfen auseinandersetzen müssen.
Bei einem Beitrag gingen die Klagen so weit, daß der Kranke sogar in die Nähe eines Schmarotzers gebracht wurde. Das veranlaßte einen Betroffenen dazu, diesen Eindruck dadurch geradezurücken, indem er auf die enormen Anstrengungen hinwies, die die Reise nach Hemer und die Teilnahme an den Veranstaltungen für ihn bedeuteten.
Viele Entsprechungen auf der emotionalen Ebene und die kollektive Erfahrung der eigentlichen Hilflosigkeit führten bei mir, die ich mir durch die Teilnahme so große Hoffnungen auf Besserung gemacht hatte, zu einem Gefühl der absoluten Auswegslosigkeit. Trotz all meiner Bemühungen würde sich der Zustand meines Mannes nie bessern.
Zunächst hatte ich vorgehabt, auch an der vorgesehenen Gruppenarbeit am Sonntag noch teilzunehmen, aber ich war zu aufgewühlt, um einen weiteren Abend allein im Hotelzimmer verbringen zu können. So fuhr ich noch am selben Abend die 600 km nach Hause. Auf der Fahrt konnte ich meine Emotionen etwas sortieren, so daß ich nach meiner Rückkehr auch wieder in der Lage war, die positiven Seiten dieser Veranstaltung zu sehen.

Positiv war:

- Die klare zusammenfassende Information über das Krankheitsbild Zwang und die Hintergründe der Erkrankung (eigentlich wußte ich schon alles darüber, bin aber dankbar für die Strukturierung)

- Die Offenlegung der Heilungschancen, was sowohl die Medikation als auch die Leistung der Selbsthilfegruppen angeht.
- Ein Zurechtrücken der Illusionen über die Chancen der Heilbarkeit während des Workshops.

Die Folgen

Trotz der zeitweiligen Verzweiflung, die mich nach der Veranstaltung ergriffen hatte, konnte ich doch bei meiner Rückkehr eine gewisse Relativierung bei mir feststellen. Ich war froh, daß mein Mann nicht zu den ganz schweren, im Workshop geschilderten Fälle gehörte. Vor allem Menschen, die in der Pubertät von dieser Krankheit befallen werden, haben ja laut Berichten beim Workshop weder die Möglichkeit einer Ausbildung noch die eines Berufes. Sie sitzen in ihren Zimmern und sind vom Einsatz ihrer Familien auf Gedeih und Verderb angewiesen. Mein Mann hatte immerhin schon einen Beruf, als ihn die Krankheit traf, und er behauptet, daß diese Tatsache seine einzige Rettung ist. Nur in seiner Tätigkeit ist er frei vom Zwang und kann sich verwirklichen, was ihm das Gefühl verleiht, doch noch einen gesunden Teil zu besitzen, und was ihm immer wieder Auftrieb gibt.
Auch in meinem Verhalten dem Zwangserkrankten gegenüber hat sich in der Folge von Hemer etwas verändert. Die Aufforderung der Referentin, das System nicht zu stützen, gab mir Mut, mich mal darin zu versuchen, "Sand ins Getriebe" zu streuen und nicht jeder Forderung meines Mannes nachzugeben. Diese Kraft hatte ich in Hemer erworben, und siehe da: Es funktionierte. Natürlich waren es nur kleine Schritte, aber sie gaben mir die Zuversicht, vielleicht doch etwas bewirken zu können.
Bei meinem Mann hatte mein Engagement die Auswirkung, daß er nach langen Monaten der Verdrängung seiner Probleme wieder einmal zu einem Selbsthilfebuch griff.
Aktivierung im kleinen – etwas mehr als ein Strohhalm. Dafür hat sich die Fahrt nach Hemer gelohnt.

Hans Reinecker, Peter Fiedler (Hrsg.)

Therapieplanung in der modernen Verhaltenstherapie Eine KONTROVERSE

Individualisierung oder Standardisierung?
Wie sieht die Zukunft der Verhaltenstherapie aus?
Soll die praktische Therapieplanung stärker störungsspezifisch erfolgen, oder soll sie wie bisher am konkreten Einzelfall ausgerichtet bleiben?
Peter Fiedler fordert provokativ die Abschaffung der bisherigen Problem- und Verhaltensanalyse. Er schlägt zugleich eine völlig neue Form der phänomen- und störungsorientierten Verhaltenstherapie-Planung vor. Postwendend lösten seine Thesen in der Fachwelt eine heftige Kontroverse aus, die erstmals in der Zeitschrift Verhaltenstherapie und Verhaltensmedizin publiziert wurde.
Dieser Band faßt die engagiert vertretenen Positionen zahlreicher Autoren für ein breites Fachpublikum zusammen. Zusätzlich wurden einige später verfaßte Stellungnahmen hinzugefügt.
Die Kontroverse berührt das ganze Spektrum jener Themen, die bei jeder Innovation der Verhaltenstherapie zwingend beachtet werden sollten. Diese reichen von praktischen Überlegungen zur konkreten Therapieplanung bis hin zu methodologischen und wissenschaftstheoretischen Perspcktiven.

ISBN 3-931660-96-6 Preis: 30,- DM

PABST SCIENCE PUBLISHERS
Eichengrund 28, D-49525 Lengerich, Tel. ++ 49 (0) 5484-308,
Fax ++ 49 (0) 5484-550, E-mail: pabst.publishers@t-online.de
Internet: http://www.pabst-publishers.de